HORST WINSKOWSKY

MÜNZEN PFLEGEN

Sachgerechte Reinigung
Konservierung
und Aufbewahrung

BATTENBERG VERLAG

Gewidmet meiner Frau Käthe, die mit viel Verständnis meine Leidenschaft zur Numismathik akzeptiert.

BATTENBERG VERLAG

Münzfotos, Abbildungen Böhm – Paehlke,
16 Fotos R. E. Herwegh
Gesamtherstellung: Bercker Graphischer Betrieb GmbH, Kevelaer
Printed in Germany
ISBN 3-89441-001-9

INHALT

Der Verfasser möchte an dieser Stelle Sammlerfreunden und Korrespondenzpartnern danken, die mit Ratschlägen, Auskünften und Empfehlungen behilflich waren, und zwar:
Herrn Dieter Fassbender, Herrn Herbert Goebel, Herrn Walter Grasser, Herrn Robert E. Herwegh †, Herrn Heinrich Lehne, Herrn Helmut Lindner, Herrn Dr. G. Montag, Herrn Dipl.-Volkswirt Wolfgang Schweitzer †, Herrn Lothar Schoenawa, Herrn Otto Ernst Schulze und Herrn Dipl.-Ing. Georg Zerbes.

Dieses Buch »Münzen pflegen« wurde mit größter Sorgfalt und Verantwortung erarbeitet. Viele Empfehlungen wurden selbst erprobt und getestet. Es kann aber für Fehler, gleich welcher Art, keinerlei Haftung übernommen werden.

VORWORT

Es gibt Münzensammler, denen sich die Haare sträuben, wenn sie im Zusammenhang mit der Pflege von Münzen etwas über Reinigung hören, die jedwede »Behandlung« einer Münze ablehnen und die der Meinung sind, daß bei jeder Reinigung einige wertvolle Stücke aus dem Sammelgut oder den Schätzen der Sammlergemeinschaft vernichtet werden.
Dieses Buch soll ein Versuch sein, diese zwar verbreitete, aber bestimmt nicht richtige Einstellung zu widerlegen; deshalb wurde der Titel »Münzen pflegen« gewählt. Ich bin der Ansicht, daß viel mehr Münzen durch weniger pflegliche Behandlung vernichtet werden, als durch eine richtige Pflege und sinnvolle Reinigung. Diese Praxis kann man sich allerdings erst durch Erfahrung und Übung aneignen, denn es soll ja nichts »restauriert« werden, wie man es bei antiken Kunstwerken mit immer besserer Technik seit langem praktiziert, sondern die Reinigung muß unter den Aspekten der Pflege, der Erhaltung, der Ästhetik und der Hygiene betrachtet werden. – Z. B. ist es widersinnig, eine antike römische Münze mit klassischer Patina zu putzen oder einen Taler zu bereiben und falschen wertmindernden Glanz hervorzuzaubern, der beim Originalstück nie vorhanden war. Genauso falsch wäre es, eine Walzenprägung glattzuhämmern oder evtl. Risse im Rand einer antiken Münze zu füllen und auszugleichen. Die Entfernung der »Henkelspur« an einer wertvollen Münze ist schon handwerkliche Wiederherstellung oder Restauration, und auch bei perfektester Arbeit wird sich wohl eine Henkelspur kaum soweit beseitigen lassen, daß man sie nie mehr feststellen kann. – An diesen Beispielen soll die von mir gezogene Grenze zwischen Pflege oder Reinigung und künstlicher Aufwertung zu erkennen sein. Eine Münzreinigung kann und darf niemals mit Aufwertung oder Wertminderung einer Münze identifiziert werden, sondern das Ergeb-

nis muß stets positiv im Sinne der Erhaltung und Pflege einer Sammlung ausfallen.

Aber gerade die Erhaltung und Pflege der Münzen wird besonders von vielen jungen Sammlern oft dahingehend falsch verstanden, daß sie den Begriff der Reinigung meist mit Verschönerung und Wertsteigerung verknüpfen und somit glauben, aus einem fast wertlosen Metallrundstück eine Rarität machen zu können. Das wird niemals möglich sein und ich habe schon viele derartige Illusionen zerstören müssen. Der nicht mehr vorhandene Wert einer stark abgenutzten Münze kann auch durch intensive Behandlung und Reinigung mit modernsten chemischen Mitteln weder herbeigeholt noch hervorgezaubert werden.

Diese Feststellung scheint mir besonders wichtig und deshalb möchte ich schon in meinem Vorwort darauf hinweisen.

Die für jeden Sammler reizvolle Aufgabe der Betrachtung anderer Sammlungen fordert mich geradezu heraus, dieses Buch zu schreiben. Es ist nämlich wirklich deprimierend, wenn man sogenannte Münzsammlungen serviert bekommt, die nicht nur gedankenlos aufgebaut sind, sondern die sowohl alte wie auch moderne Münzen beinhalten, die man nicht berühren möchte, einfach aus Angst davor, sich zu beschmutzen. Können Sie sich vorstellen, wie schnell das Interesse an der Betrachtung solcher Sammlungen erlischt? – Der Besitzer einer vorbildlichen Sammlung wird sich hüten, Ihnen eine Münze seiner Sammlung in die Hand zu geben. Er verfolgt ängstlich jedes Aufgreifen eines Stückes mit der Bemerkung: »Bitte vorsichtig, nicht fallen lassen!« Eigentlich habe ich bisher noch keinen ernst zu nehmenden Münzensammler kennengelernt, der bei Befragung oder im fachlichen Gespräch nicht zugegeben hat, daß die eine oder andere Münze der sehr gepflegten und bewundernswerten Sammlung irgendwie behandelt oder gereinigt worden ist.

Das Vorwort wäre unvollkommen, wenn die wichtigste Emp-

fehlung fehlte, nämlich die, daß alle Behandlungsvorschläge zuerst an wertlosen und geringwertigen Münzen ausprobiert werden sollten, damit durch eigene Erfahrung alle Vorschläge getestet und geprüft werden, um Enttäuschungen bei wertvollen Münzen zu vermeiden.
Als letzten Hinweis möchte ich betonen, daß alle schädlichen Reinigungsmethoden oder Eingriffe, die Veränderungen des Erhaltungsgrades zur Folge haben, hier nicht besprochen werden. Der Sammler soll saubere Stücke besitzen und diese pfleglich unterbringen, sie aber nicht verändern und damit Werte herabsetzen.

ALLGEMEINES

Grundregeln zum Gebrauch dieses Buches und praktische Hinweise

Als Untertitel für das einleitende Kapitel gestatte man mir einen Ausflug in die Vergangenheit, der beweisen soll, daß Münzpflege schon immer problematisch war und auch schon früher die Sammler beschäftigte. Sicher werden Sie, liebe Leser, nicht nur bei der folgenden wörtlichen Wiedergabe schmunzeln, sondern daraus auch ersehen, welche Fortschritte in über 40 Jahren gemacht wurden – und somit gleichzeitig erkennen müssen, daß auch dieses Buch kein endgültiger Schlußpunkt sein kann, sondern nur als Zeitdokument betrachtet werden sollte, das in unserer schnellebigen Zeit irgendwann einmal anderen, vielleicht besseren Erkenntnissen weichen muß.

Im August 1925 erschien ein Sonderdruck in den »Mitteilungen für Münzensammler« in Frankfurt/Main von Herrn Geh. Baurat E. Knitterscheid, Frankfurt/Main, mit dem Titel: »Vom Reinigen und Behandeln der Münzen.«

Das Vorwort lautet wörtlich:

»Allgemein beachte man, daß man lieber zu wenig als zu viel reinigt, daß man namentlich in bezug auf die Anwendung von Säuren und anderen Chemikalien große Vorsicht obwalten läßt und daß zuweilen viel Geduld nötig ist. Edel-Patina darf man nicht zerstören, Kupferstücken nicht das Aussehen stempelglänzender Stücke geben wollen, Silber nicht blank reiben oder polieren. Zu empfehlen ist die Übung an minderwertigen Stücken, an denen nichts zu verderben ist, denn auch beim Reinigen von Münzen macht Übung den Meister. Gruben- oder Flußsand ist ganz zu vermeiden, allenfalls kann Seesand zuweilen verwendet werden, wenn auf andere Weise kein Erfolg zu erzielen ist.«

Nun, vom Seesand sind wir inzwischen ganz abgekommen und auch andere natürliche oder chemische Mittel, die einen scheuernden Effekt erzielen, gehören nicht zum Handwerkszeug der Münzenpflege.
Die Pflege- und Reinigungsempfehlungen dieses Buches sind in der Praxis erprobt und ordnen sich den Münzmetallen und -legierungen unter. Die Metallarten sollten stets als erster Ordnungsbegriff dominieren; innerhalb der einzelnen Metalle erfolgt eine weitere Unterteilung oder Gruppierung, wobei sich manchmal Parallelen erkennen lassen, die sich aus ähnlichen Legierungsbestandteilen zwangsläufig ergeben.
Bei den einzelnen Reinigungshinweisen zu den verschiedenen Metallen möchte ich weiterhin Unterscheidungen treffen nach der Art der Säuberung vom harmlosen ›Staubwischen‹ über die ›natürliche Behandlung‹ bis zum gerade noch zu verantwortenden ›chemischen Angriff‹ bei fast aussichtslosen Fällen; na, und hier ist ja wohl auch nicht mehr viel zu verderben. Es versteht sich von selbst, daß die letzten Stufen meiner Empfehlungen für wertvolle Münzen nicht in Frage kommen. Andererseits gibt dieser in allen Abschnitten zu erkennende Stufenplan dem Anwender stets die Möglichkeit, zwischen mehreren Vorschlägen selbst zu wählen und sich somit ein eigenes Pflege- und Reinigungssystem zu erarbeiten, ja dieses Programm individuell nach seinem Geschmack zu kombinieren und je nach Metall oder Legierung zu mildern oder zu steigern. Auch hierbei sollte man niemals die Werte der einzelnen Stücke außer acht lassen oder gar alles in einen Topf werfen.

Grundregeln

Grundsätzliches Gebot: Man sollte niemals verschiedene Metalle gemeinsam behandeln und in das gleiche Gefäß legen. Nicht einmal Münzen verschiedener Metalle in gleiches Wasser zum Spülen in das gleiche Gefäß legen. Von einem bestimmten Reinigungsgrad an ist sogar die Berührung mit der sauberen Hand schon problematisch, auch Unterlagen, wie z. B. sauberstes Holz (trocken oder naß) können empfindliche Münzen beeinflussen. Erstklassige Erhaltungsgrade, wie z. B. polierte Platte (P. P.), Stempelglanz (Stgl.) oder bankfrisch (bkfr.) sind mit besonderer Sorgfalt zu behandeln. Bitte glauben Sie aber nicht, daß bei diesen Münzen eine Pflege oder Behandlung nicht erforderlich ist. Falls Sie noch nie eine »Polierte Platte« mit Fingerabdrücken gesehen haben sollten, so kennen Sie sicher bankfrische oder unzirkulierte Münzen ferner Länder in sauberen Plastiktaschen, die geringe Flecke aufweisen (besonders häufig bei Klein-Münzen aus Kupfer, Messing oder Billon), die von einer Münzstätte besorgt werden. Wenn man diese Stücke auch als BU (brillant uncirculated) bezeichnen könnte, ist es doch enttäuschend, wenn z. B. die Münzprägeanstalt eines Landes (evtl. aus Übersee) einen Satz Münzen zustellt, den man einerseits nicht reklamieren kann und ihn andererseits doch völlig bankfrisch seiner Sammlung hinzufügen möchte. Spätestens jetzt sollten Sie erkennen, weshalb ich bei jedem Metall verschiedene Stufen der Pflege und Reinigung empfehle, denn einfache Flecke auf Nickelmünzen kann man zwar mit Sandpapier entfernen, aber dann wird aus dem Erhaltungsgrad BU sofort nur noch gut erhalten und weder schön noch gut erhalten ist ein beneidenswerter Erhaltungsgrad für eine Sammlung.

Wenn ich eingangs sagte, daß von einer bestimmten Reinigungsstufe an bereits die Berührung durch die Hand problematisch sei, so möchte ich jetzt hier etwas einschränken und andererseits als Grundregel für fast alle Münzenpflege darauf hinweisen, daß eigentlich für die generelle Behandlung der Münzen die Hände selbst am geeignetsten sind und am wenigsten Schaden anrichten können. Vielleicht sollte man sich merken, daß für P.P., Stempelglanz oder bankfrisch die Hände nur mit Bedacht und Überlegung zugreifen, d. h. nur die Ränder berühren sollten. Vom Trockenprozeß an, über den ich noch später spreche, sollte die unüberlegte Berührung mit bloßen Fingern verboten werden, es sei denn, wir berühren nur die Ränder der Münzen. Fast alle Reinigungsmittel sind hautfreundlich, sollte jedoch Gefahr für die Haut bestehen oder eine besondere Empfindlichkeit, so verwendet man ganz dünne, durchsichtige Plastikhandschuhe, die es heute in jedem Haushaltartikelgeschäft gibt. Bitte diese Handschuhe nicht bei Zaponlack verwenden, denn diese Lacke oder ihre Verdünner lösen manchmal PVC- oder ähnliche Folien auf. Die Handschuhe sollten transparent und so dünn wie möglich sein, weil dadurch der Kontakt zu den kleinen Wertstücken bestehen bleibt und man damit das Geldstück gut »im Griff« hat.

Die Pflege Ihrer Sammlermünzen sollte bereits bei Ihren Freunden, Tauschpartnern und all denen beginnen, die für Sie Münzen besorgen oder bei denen Sie eine Bestellung aufgeben. Es ist leider eine weitverbreitete Unsitte (sogar bei Sammlerfreunden), daß man Münzen versendet, die einfach mit Tesa-Film auf eine Pappunterlage geklebt sind; diese anscheinend sehr beliebte Versandart, derer sich manchmal leider auch Münzhändler und sogar Banken bedienen, kann nur durch ständige Hinweise und Reklamationen bei den Absendern geändert und verbessert werden. Es ist immer wieder enttäuschend, wenn Stgl.-Münzen mit Tesa-Film verklebt beim Sammler eintreffen. Wir wissen zwar durch dieses Buch, daß Klebereste durch Tetrachlorkohlenstoff, Waschbenzin oder auch Aceton entfernt werden können, jedoch können diese Anwendungen bei erstklassiger Erhaltung manchmal sogar bei Edelmetallen oder harten Nickelmünzen schädlich sein.

Weiche, unedle und oxydierende Metalle (Zink, Aluminium, Kupfer) sind besonders empfindlich und hier kann die harmlose Entfernung der Klebereste sehr oft Wertminderung bedeuten. Es ist bestimmt bequem und richtig, wenn man Münzen auf eine feste Unterlage klebt, sie fallen nicht durcheinander, der Brief bleibt flach und erreicht den Empfänger ohne Beschädigung. Bitte denken Sie jedoch bei dieser Versandart daran, daß die einzelnen Münzen vor dem Befestigen mit Tesa-Film entweder in Plastik-Taschen gesteckt werden oder wenigstens durch Papier, Cellophan oder ähnliches Material geschützt werden. Tesa-Film darf also niemals direkt auf eine Münze geklebt werden. Ein Münzsammler sollte in seiner Brief- oder Geldtasche ständig einige Plastik-Täschchen bei sich führen, denn es vergeht erfahrungsgemäß kaum eine Woche, in der man nicht Münzen findet, einkauft oder erhält, die für die Sammlung bestimmt sind. Jeder Sammler hat mehr als genug dieser Taschen, die man an jedem Bankschalter erhält, sorgfältig zu Hause aufbewahrt, nur unterwegs, wenn man sie wirklich braucht, dann fehlen sie – oder haben Sie selbst noch nie eine Umlaufmünze irgendwo entdeckt, die für Sie selbst oder einen Freund interessant war – und wie bewahren Sie das Stück auf, wenn die kleine Schutzhülle fehlt?

DIE REINIGUNG VON MÜNZEN

Entfernung von Schmutzschichten und Korrosionen der Metalle

Der Sammler erwirbt erfahrungsgemäß seine gesuchten Raritäten aus unzähligen Quellen. Überwiegend sind die Münzen vernachlässigt und kaum liebevoll gepflegt; seltener erhält er stempelglänzende Stücke direkt von einer Bank, Prägeanstalt oder Versandstelle für Sammlermünzen.

Zunächst soll der unproblematische Erwerb von Münzen von einer Bank oder Versandstelle besprochen werden. Diese überwiegend uncirculierten Stücke werden sehr oft in Plastiktaschen geliefert und nicht selten werden ganze Münzsätze fest eingesiegelt in unterteilten durchsichtigen Plastikumschlägen verschickt. Oft ist die Aufmachung recht informativ und so gut ausgestattet, daß man diese Münzen in den abgeschlossenen Etuis gern seiner Sammlung unverändert einordnen möchte. Außer der persönlichen Einstellung zur Einordnung des Sammelgutes allgemein und dem verständlichen Wunsch, jede Münze selbst in die Hand nehmen zu wollen, spricht eigentlich nichts dagegen. Auch ich besitze einige solcher »versiegelten« Münzsätze, die ich im Gegensatz zu den anderen Stücken außerhalb meiner eigentlichen Sammlung aufbewahre. Es handelt sich hier aber fast ausschließlich um ganz neue Silbermünzen, meistens in polierter Platte, denn dieser »Herstellungsgrad« (P.P. ist kein Erhaltungsgrad) bleibt bei üblicher Einordnung nicht immer unverletzt. Es wäre daher begrüßenswert, wenn sich diese neue versiegelte Aufbewahrungsart als perfekt erweisen sollte. Leider wurde diese gewünschte Perfektion bis heute noch nicht erreicht, denn durchsichtiges Weichplastikmaterial enthält oft Stearinsäure, die besonders die Oberfläche von Münzen aus Silber-Kupfer-Legierungen angreift; diese Korrosion tritt natürlich auch bei anderen Münzen auf, die Kupfer als Legierungsbestandteil enthalten.

Es gibt bei diesen Verpackungen allerdings diverse Unterschiede, deren Beachtung empfohlen wird:

1. Unbedingt entnommen werden müssen Münzen den Plastik-Taschen, die offensichtlich nur als Versandschutz dienen und die entweder offen sind oder durch den Handel oder die Bank versiegelt wurden. Dies gilt selbstverständlich auch in jedem Falle für Münzen, die bereits im Umlauf waren.

2. Alle eingesiegelten Münzen in durchsichtigen Taschen, welche »knistern«, die also aus Cellophan bestehen, verändern sich nach kurzer Zeit, weil diese Taschen luftdurchlässig sind.

3. Versiegelte Münzen, die mit den Erhaltungsgraden bankfrisch, uncirculated, Stempelglanz oder prägefrisch (eigent-

Verschiedene Beispiele

CSSR (Slowakei): 1 Korona 1942–Cu/Ni, vor und nach der Reinigung.

Ältere Kupfermünzen, deren Oberfläche durch Säure verdorben und angegriffen ist (Poren). Die Konturen verschwinden bzw. verlieren den plastischen Ausdruck.

Angebohrte Stücke sind für eine Sammlung wertlos und nicht mehr zu restaurieren. Zinkmünze der modernen Zeit, die durch Zinkrost und durch Zinksulfid verdorben ist.

lich ist alles dasselbe) zugestellt werden und die auf der schönen und glänzenden Vorder- oder Rückseite trotzdem Flecke oder sogar Fingerabdrücke haben (nicht gerade selten), müssen unbedingt den Taschen entnommen werden, um den ursprünglichen oder bestellten Erhaltungsgrad wieder einwandfrei herzustellen.

Die Entfernung von kleinen Flecken, Fingerspuren oder anderen störenden Malen auf neuen Münzen ist oft problematisch, besonders dann, wenn es sich um Münzen handelt, die sonst keinerlei Gebrauchsspuren zeigen. Jede Seife-Bürste-Behandlung oder andere Reinigung wäre hier fehl am Platz und würde den Charakter einer prägefrischen Münze verändern. Neue Stücke können durch ein Tauchbad verbessert werden, jede Berührung der Oberfläche sollte man vermeiden.
An dieser Stelle wird erstmalig das Silbertauchbad empfohlen, ein für viele Münzen wirklich wertvolles und unschädliches Pflegemittel, das als »Nummer 1« bei allen Pflegehinweisen künftig immer wieder empfohlen wird. Es gibt davon viele Fabrikate, die in jeder Drogerie oder in Silberwarengeschäften zu kaufen sind. Die bekanntesten sind »Benkiser-Silbertauchbad« und »Sona-Silbertauchbad« – wobei ich »Sona« deshalb vorziehe, weil die Plastikflasche wegen der großen Öffnung für die Handhabung am besten geeignet ist. Bitte lassen Sie sich durch die handelsübliche Bezeichnung »Silbertauchbad« nicht irritieren, denn diese Tauchbäder sind gleichfalls für andere Metalle, wie Nickel, Kupfer, Messing, Bronze, Tombak, Billon, und Neusilber geeignet und erzielen den gleichen Effekt wie bei Silber. Nicht zu verwenden sind diese Tauchbäder für Münzen aus Zink, Aluminium, Zinn oder Eisen. Unter dem Markennamen SILBO gibt es allerdings sehr empfehlenswerte Spezialreinigungsbäder für Silbermünzen, für Kupfer-Messingmünzen *und auch* für Eisen-Zinkmünzen. Jede Münze aus den zugelassenen Metallen erhält durch eine Tauchbehandlung, die nur 5 bis höchstens

20 Sekunden dauern sollte, ihr ursprüngliches Aussehen zurück, ohne danach falschen Glanz zu besitzen. Durch solche Behandlung verschwinden dunkle Flecken oder Fingerabdrücke genauso wie andere oberflächliche Spuren. Bitte halten Sie aber unbedingt die vorgeschriebene Tauchzeit ein; Flecke, die nach 20 Sekunden nicht verschwunden sind, haben andere Ursachen und können auf diese Weise nicht entfernt werden. Über die weiteren Wirkungen dieser Tauchbäder finden Sie bei den einzelnen Metall-Behandlungen noch genauere Hinweise.

Man kann die Münze mit einer sauberen mit Kunststoff beschichteten Pinzette festhalten und in der Flüssigkeit bewegen. Hierbei kann es allerdings vorkommen, daß die Auflageflächen der Pinzette nicht von der Flüssigkeit berührt werden, es bilden sich dann an diesen Stellen dunklere, meist braune Flecke, die nachträglich schwer zu entfernen sind. Als beste Möglichkeit ergab sich die folgende praktische Anwendung des Tauchverfahrens:

In ein Glas-, Porzellan- oder Kunststoffgefäß, das eine große Öffnung hat und möglichst keinen ganz flachen Boden (am besten eignet sich eine Schale mit einem Durchmesser von 10 Zentimetern, evtl. mit einer Gießrille oder eine Fotoschale) wird das Tauchbad eingefüllt. Jede Münze wird einzeln eingelegt, danach sofort mit der Pinzette gewendet und wieder entnommen (jetzt sind auch die 5 bis 20 Sek. bereits vergangen). Nach dem Tauchbad sollen die Münzen sofort unter fließendem Wasser abgespült werden. Es ist empfehlenswert, wenn man die Stücke vor der Trocknung außerdem noch etwa 15 Minuten wässert.

Das Einlegen bzw. Entnehmen einer Silbermünze aus dem Silbertauchbad, das hier in eine Fotoschale mit Gießrille gefüllt wurde, zeigt die Abbildung auf Seite 17. Man erkennt auf diesem Bild deutlich, wie eine Silbermünze mit einer kunststoffbeschichteten Pinzette dem Silbertauchbad entnommen wird.

Unmittelbar nachher muß die Münze unter fließendem Wasser gründlich gespült werden (Bilder oben), daran sollte sich eine mindestens 10minutenlange Wässerung in einer Porzellan-, Glas- oder Kunststoffschale (kein Metall) anschließen; dieses Spülbad ist gleichfalls auf den Fotos zu erkennen. Selbstverständlich dürfen nur gleiche Metalle oder fast ähnliche Legierungen in demselben Wasserbad aufbewahrt werden. Darauf wurde bereits an anderer Stelle hingewiesen.

In der Praxis des Sammelns wird es allerdings nicht nur Münzen mit geringen Flecken oder kleinen Verschmutzungen geben. Öfter als uns lieb ist, erhalten wir unsere Sammelobjekte in ungepflegtem, stark verschmutzten Zustand. Grundsätzlich sollten wir bei allen Metallen hier zuerst eine Unterscheidung zwischen Schmutzschichten und Oxydationen oder Korrosionen der Metalle treffen, wobei man nicht ausschließen kann, daß manchmal beide Oberflächenveränderungen vorhanden sind. Schmutzschichten sind mehr oder weniger harte Ablagerungen *auf* der Oberfläche und meist weniger problematisch, weil sie das Metall kaum verändern.

Wenden wir uns zunächst der meist einfacheren Entfernung von Schmutzschichten zu. Vielfach wird hier zwischen mechanischer und chemischer Behandlung eine Grenze gezogen, die meiner Meinung nach schon deshalb falsch ist, weil sich mechanische und chemische Reinigung sinnvoll unter Berücksichtigung der mildesten Anwendungsart ergänzen sollten. Man kann nicht einfach sagen, daß mechanische Hilfsmittel aggressiv sind, während die Chemie eine Münze schont. Es wäre nicht schwer, diese falsche Theorie umzukehren und das Gegenteil zu beweisen. Ich werde mich bei allen Empfehlungen bemühen, jeweils die beste Methode vorzuschlagen.

Fangen wir bei der Oberflächenschmutzentfernung mit der schonendsten chemischen Methode an. Seifenlauge ist keinesfalls agressiv und sollte als erstes Mittel zur Schmutzlösung empfohlen werden. Aber bereits hier scheiden sich die Geister, denn zwischen mild und scharf gibt es Abstufungen, die unbedingt ausprobiert werden sollten. Eine Kernseifenlauge, die aus Sunlichtseife oder anderer Kernseife bestehen kann, schadet keinem Münzmetall und sollte als stark konzentrierte Seifenlauge möglichst warm verwendet werden, Aluminium-Münzen bekommt allerdings eine kalte Seifenlauge besser, weil Al in kalter Flüssigkeit nicht so schnell oxydiert. Die verschmutzten Münzen (natürlich grundsätzlich jedes Metall und möglichst jede Legierung extra) werden etwa 30 Minuten eingeweicht und danach mit der gleichen Lauge und einer weichen Bürste abgebürstet. Diese Reinigung schadet eigentlich keiner Münze, sogar Zink und Aluminium lassen sich diese Wäsche gefallen.

Ist der Schmutz härter oder fester bzw. sehr alt und schon lange auf den Münzen, was man nicht immer sofort feststellen kann, dann sollte die Seifenlauge aus Schmierseife mit Sodazusatz bestehen. Die Einweichzeit kann nach Belieben verlängert werden.

Falls das Einweichbad den Schmutz etwas auflöst, dieser aber während der Wäsche mit einer weichen Bürste nicht gelöst werden kann, sollte man die Bürstenbehandlung mit irgendeinem Waschpulver versuchen.

Eine bessere Reinigungsmöglichkeit kann durch Zusatz von handelsüblichem Salmiakgeist erzielt werden, von dem man bis zu 20% der Seifenlauge zusetzen kann. – Die Beimi-

schung oder Verwendung von Salmiakgeist muß allerdings dann unterbleiben, wenn ältere Kupfermünzen oder dunkle Bronzemünzen mit dunkler Oberfläche gereinigt werden sollen, weil Salmiakgeist fast jedes Metall aufhellt. – Für alte Münzen jeden Metalles sollte man nur die mildeste Seifenbehandlung wählen.
Das z. Z. beste und erfolgreichste Reinigungsbad für fast alle Metalle, besonders für moderne Münzen, ist ›IMI-Tiefenreiniger‹ von Henkel. Die Basis ist eine sehr wirksame und etwas scharfe Seifenlauge mit reichlichem Zusatz von Salmiakgeist und anderen Schmutzlösern. Je nach der Empfindlichkeit der einzelnen Münzmetalle sollte ein Reinigungsbad mehr oder weniger konzentriert werden. Die stärkste Konzentration wäre 1 : 1 mit warmem Wasser, in diese Konzentration dürfen aber nur Gold- oder Silbermünzen gelegt werden. Dauer des Bades je nach Verschmutzungsgrad 30 Minuten bis 2 Stunden. Bitte mischen Sie das Konzentrat vor dem Einlegen der Münzen sehr intensiv, weil bei dieser starken Konzentration einige schärfere Bestandteile sich ungelöst auf Münzen ablagern und die Oberfläche dann punktuell beeinflussen können, man glaubt dann, die Silberoberfläche wäre an einzelnen Punkten durch Hitze verglüht. Diese Erscheinung ist zwar unangenehm, aber harmlos, weil diese sog. Glühpunkte nach einem Silbertauchbad sofort verschwinden. Die Konzentration des IMI-Bades sollte bei Nickel- und Messingmünzen höchstens 1 : 2 betragen, bei Zink- und Eisenmünzen 1 : 3 und bei Kupfermünzen nur 1 : 4, damit die scharfe Wirkung des Salmiakgeistes gemildert wird. Al-Münzen dürfen nur in reiner Seifenlauge gereinigt werden. – Das Einweichbad in verdünntem ›IMI-Tiefenreiniger‹ ist schnell in seiner Wirkung und man kann sofort nach dem Einlegen einer stark verschmutzten Münze erkennen, wie sich der dunkle Schmutz in meist braunen Wolken auflöst. Bitte denken Sie jedoch daran, daß hier nicht immer viel Konzentrat unbedingt auch viel hilft, die Mischung 1 : 1 muß sehr gut vorbereitet werden,

besser ist ein Verhältnis 1 : 2, weil die Lösung dann dünner und in der Anwendung erfolgreicher ist.
Wenn ich bei der Empfehlung des ›IMI-Tiefenreiniger‹ eine Einschränkung durch den Zusatz »z. Z. das beste und erfolgreichste . . . .« machte, dann vor allem deshalb, weil die Industrie ständig neue Reinigungsmittel und Waschpulver herausbringt, die immer weißer waschen usw. . . .! Sie kennen das sicher aus der Werbung. Selbstverständlich kann auch einmal ›IMI-Tiefenreiniger‹ verändert oder verbessert werden – und da es nicht ausschließlich für die Reinigung von Münzen erfunden wurde, kann eine Verbesserung dieses Mittels auch durchaus einmal eine negative Veränderung für unseren Gebrauch mit sich bringen. Ich meine hier also das ›IMI-flüssig‹ der 70er Jahre und wenn Sie später mal lesen, daß IMI noch besser, noch kräftiger geworden ist, dann sollten Sie erneut testen. Wie gehen wir nun vor, wenn die Einweichzeit, welche die Lösung des Schmutzes bewirkt, abgelaufen ist? Zunächst noch der Hinweis, daß die Münzen möglichst während des Einweichens 2mal gewendet werden sollten. Falls wir verschiedene Metalle gleichzeitig reinigen, haben wir es also je nach Anzahl der verschiedenen Legierungen mit meist 3 bis 5 getrennten Bädern zu tun.
Für die Entfernung des auf den Münzen abgelagerten und nunmehr gelösten Schmutzes muß zuerst die Grundregel beachtet werden, daß man jedes Metall und jede Legierung nur getrennt bis zum Ende des Reinigungsvorganges bearbeiten darf. Entscheidend für die weitere Behandlung ist zunächst, ob es sich um eine sogenannte »Einzelreinigung« weniger Stücke handelt oder um eine »Massenreinigung« vieler Münzen, die aufgrund meiner Erfahrung bereits bei der Zahl 10 beginnt, aber durchaus auch bis zu 50 Stück enthalten kann. Sie sollten die einzelnen Münzen nach dem Lösungsbad in der Seifenlauge in die Hand nehmen und mit einer weichen Handwaschbürste (evtl. unter fließendem Wasser) reinigen. Das Ergebnis ist durchaus positiv, aber auch gleichzeitig

etwas oberflächlich, denn viele Münzen können hierbei nicht differenziert und gründlich behandelt werden.
Eine bessere Reinigung mit der Seifenlösung ist durch die »Einzelbehandlung« möglich, die in verschiedenen Stufen stets ausgezeichnete und beste Ergebnisse zeigte. Bei der Einzelreinigung geht man wie folgt vor:
Man entnimmt jede Münze mit einer nicht kratzenden Pinzette (an den Enden mit Kunststoff beschichtet) einzeln der Seifenlösung. Auf einem flachen Porzellan-Teller wird die Münze mit der Pinzette festgehalten und dabei mit einer weichen oder harten Zahnbürste gereinigt. Je nach der Metallhärte sieht das so aus, daß jede einzelne Münze durch eine harte oder weiche Zahnbürste bearbeitet wird. Im allgemeinen genügen hierfür benutzte bzw. abgelegte Zahnbürsten. Sie werden bald feststellen, daß härtere Zahnbürsten meist richtiger und besser als weiche Bürsten sind, Kunststoffborsten eignen sich nicht, ich kann für diese Arbeit nur Zahnbürsten mit reinen Naturborsten empfehlen. Weiche Zahnbürsten eignen sich besonders für ältere Münzen; unbedingte Vorsicht jedoch bei der Reinigung von Silbertalern angeraten, bei denen eine Bürstenbehandlung meist ganz unterbleiben sollte. – An dieser Stelle möchte ich nochmals darauf hinweisen, daß ältere Münzen (wobei die gedachte Grenze etwa bei 1800 liegt) nur dann bearbeitet werden sollten, wenn sie in wirklich verwahrlostem Zustand sind, bzw. von Leuten stammen, die laienhaft mit den Münzen umgegangen sind. Wenn Sie Münzen von erfahrenen Sammlern, Münzhandlungen oder auf Auktionen der Münzhändler erwerben, dann handelt es sich eigentlich ausschließlich um den gepflegten Bestzustand des Sammelstücks, das schon deshalb fachmännisch gepflegt wurde, um den erwünschten hohen, aber meist auch reellen Gegenwert zu erzielen. – Bitte denken Sie stets daran, daß die Bürstenbehandlung mit Seifenlösung nur den an der Oberfläche gelösten und aufgeweichten Schmutz, der zwischen der erhabenen Prägung sitzt, wegwi-

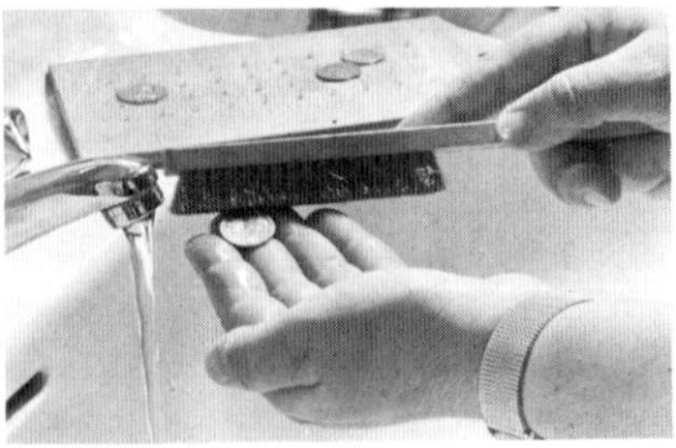 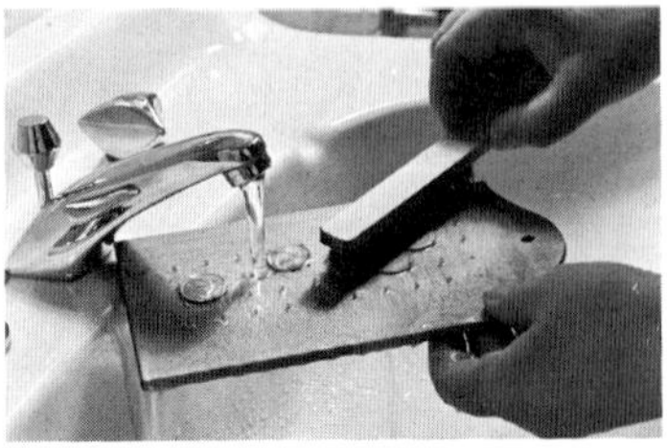

schen und entfernen soll, aber keinesfalls die Metallfläche beeinflussen oder gar falschen Putzglanz erzeugen darf. Ich möchte deshalb immer wieder auf die wertvollen und kostbaren Taler mahnend hinweisen, die man in fast allen Ländern von DM 100 bis DM 4 000 und mehr ersteigern kann und bei denen jede aggressive Pflege gefährlich ist oder zumindest wertmindernd sein kann.
Ich darf hoffen, daß Sie meine Empfehlungen richtig verstanden haben und möchte nun an die Reinigung mit der Zahnbürste gleich die weitere Behandlung anschließen. Die Münze ist nach der Schmutzentfernung in unserem Sinne zwar sauber geworden, aber noch längst nicht so rein, daß wir sie weglegen können.
Der Seifenschaum, die Säure des Bades oder auch der Lauge (je nach Anwendung) haften jetzt auf der Münze und sind schon deshalb eng mit der Metalloberfläche verbunden, weil alle diese Stoffe zwischen den Konturen haften. Damit der Reinigungsvorgang nicht unterbrochen wird, spülen wir die gereinigte Münze jetzt mit sehr schneller und heftiger Bewegung in einem neutralen Wasserbad. Anschließend legen wir die vorgespülte Münze in klares Wasser, dem möglichst fließendes Wasser langsam zuläuft (bitte die Münzen nebeneinander, keinesfalls übereinander legen). Das letzte Wasserbad oder die Spülung soll alle Stoffe, die der Oberfläche anhaften, restlos entfernen und Säure- oder Laugenrückstände völlig neutralisieren. Wenn nun hier oder auch an anderen

Stellen dieses Buches immer wieder von »Neutralisation« gesprochen wird, dann meine ich immer den völligen Ausgleich verschiedener flüssiger Behandlungen zwischen Säuren und Laugen bzw. Laugen und Säuren. Es muß stets erreicht werden, daß eine Münze, gleich welcher Legierung, immer wieder in der Endstufe den »Punkt null« erreicht, also daß jede Münze nach der Behandlung (ob aggressiv oder harmlos) weder sauer noch basisch reagiert. Nur durch die perfekte »Neutralisierung« wird die Münze wieder indifferent, jede weitere unerwünschte Reaktion wird dadurch endgültig ausgeschaltet. Neutralisation bedeutet also Kompensation einer Säure oder Lauge durch Gegenmittel, die man zwar kennt, aber oft klappt der Ausgleich nicht richtig, man entdeckt Flecke auf Münzen, die sich vorher nicht zeigten.
Deshalb ist es wichtig, die chemischen Vorgänge bei der Neutralisation nochmals ausführlich zu erläutern. Die jetzt folgenden Erklärungen erscheinen zwar kompliziert, sind aber nach einiger Übung sehr leicht anzuwenden und geben dem Sammler unbedingt die Sicherheit, daß Flecke auf Münzen, Veränderungen der Oberfläche etc. nach der Reinigung vermieden werden.

Neutralisation

Starke Säuren wie die Salzsäure (HCl), Salpetersäure (HNO_3) und Schwefelsäure (H_2SO_4) sollten durch eine starke Base wie die Natronlauge, mittelstarke Säuren wie die Essigsäure (CH_3-$COOH$), schweflige Säure (H_2SO_3) und schwache Säuren wie die Kohlensäure (H_2CO_3) durch schwache Basen wie Ammoniumhydroxyd (NH_4OH, Salmiakgeist) neutralisiert werden.
Der Nachweis, daß die Flüssigkeit wieder neutral ist, läßt sich durch einen billig käuflichen sogenannten Universal-

indikator erbringen. Es ist ein Papierstreifen, der sich bei verschiedenem sauren oder basischen Milieu in seiner Farbe ändert. Zeigt der Teststreifen ungefähr die Farbe von PH 7, so ist alles neutralisiert, d. h. die wirksamen Gruppen der Basen (OH^--Ionen) und die wirksamen Gruppen der Säuren (H^+-Ionen) haben sich zu neutralem Wasser (H_2O) vereinigt. Ist die Farbe in Richtung PH 1 noch zu sauer, weiterhin Zugabe von Base; Farbe in Richtung PH 4 noch zu basisch, weiterhin Zugabe von Säure.

Sollten durch Neutralisationsfehler oder auch durch vorher zu stark angewandte Konzentration Verfärbungen eintreten, so lassen sich diese meist gut mechanisch, z. B. weichen Radiergummi und ähnliches entfernen.

Mechanische nachträgliche Anwendungen sind aber oft problematisch, besonders bei erstklassigen Erhaltungsgraden. Falls Kratzbürsten (nur bei unedlen und härteren Metallen) nicht angewendet werden können, dürfte auch hier als letztes neutrales Reinigungsbad das Silbertauchbad zu empfehlen sein.

Ein besonderes Problem ist bei jeder Reinigung das Festhalten der Münzen. Man kann diese Münzen weder in einen Schraubstock einklemmen, noch mit der Hand halten. Die erstere Methode ist unzweckmäßig, weil der Schraubstock die Münze beschädigt und deshalb nicht angewendet werden kann. Das Festhalten in der Hand ist höchstens bei einzelnen Stücken möglich, bereits ab 5 Münzen (meistens sind es aber viel mehr, die bearbeitet werden) kann man nicht jede Münze, die gereinigt werden muß, zwischen den Fingern festhalten, weil dann die Kraft und Konzentration nachläßt. Ständig fließendes Wasser, intensive Seifen- und Bürstenbehandlungen weichen die Haut auf und die Kraft der Hand läßt nach.

Eine bewährte, erprobte und sehr zweckmäßige Haltevorrichtung für Münzen, die gereinigt werden oder mit einer Kratzbürste verschönt werden sollen, möchte ich kurz beschreiben und durch eine Originalabbildung illustrieren.

In ein Brettchen aus Hartholz (Bild Seite 22) werden im Abstand von ca. 15 mm gerade Reihen von Löchern gebohrt, die etwa 2 Millimeter gleichmäßig tief sind. In die Löcher werden Kunststoff-Stifte gesteckt, die man sich aus Tennis-Schläger-Saiten herstellt (Kunststoff-Saiten sind als »Bespannungs-Abfall« in jedem Sportgeschäft für wenige Pfennige erhältlich). Man schneidet von der Saite gleichlange Stücke ab (besser als eine Schere ist hier ein sog. Saitenschneider), die Länge soll so berechnet sein, daß etwa 2,5 mm auf dem Brett herausragen. Da die meisten Münzen kaum 2,5 mm dick sind, sollte man die Köpfe dieser Stifte über einer heißen Elektrokochplatte oder über einer Kerzenflamme rundschmelzen, die Münze wird dann noch besser festgehalten. Auf so einem Brettchen lassen sich mehrere gleichgroße Münzen bürsten und behandeln, ohne wegzurutschen. Bei Münzen mit größerem Durchmesser kann man einzelne Mittelstifte entfernen und hat jetzt Platz für Münzen bis zu 30 mm. Die Abstände der Stifte können natürlich auf anderen Brettern für noch größere Münzen erweitert werden.

In der Abbildung wird ein Brettchen gezeigt, bei dem die Kunststoff-Stifte etwa 16 mm Abstand haben. Das Loch an der linken oberen Seite ist sehr vorteilhaft für das Aufhängen zum Trocknen nach feuchter Behandlung, denn das Brett muß hängend, nicht liegend, trocknen, weil sich sonst die Bohrlöcher, welche die Kunststoffstifte halten, ausweiten.
Kurs- und Umlaufmünzen bilden erfahrungsgemäß einen wesentlichen Anteil bei einer Sammlung moderner Münzen. Hierbei sind besonders Nickel-, Messing- oder Bronzemünzen sehr widerstandsfähig; das harte Metall oder die Oberfläche werden kaum angegriffen. Sehr oft sehen diese Münzen durch oberflächliche Oxydation unansehnlich aus bzw. zeigen sich geringe Schmutzspuren zwischen den Konturen. Durch ein Seifenbad wird der anhaftende Schmutz zwar gelöst, jedoch bleibt die Oberfläche einer Münze aus unedlem Metall auch

nach der Reinigung meist blind bzw. ohne Glanz, es bleiben Spuren der Oberflächenveränderung zurück.
Für diese Münzen gibt es seit kurzer Zeit durch die Verwendung der sogenannten »Kratzbürsten« eine neue »Chance«, die nicht nur moderne Münzsammler begrüßen, sondern die auch Sammler älterer Münzen mit Erfolg einsetzen. Diese »Kratzbürsten« (der Name wurde vom Goldschmiedehandwerk geprägt) sind ganz weiche Metallbürsten (aus Messing mit 0,08 mm Borsten oder Neusilber 0,100 mm) und sie sind garantiert weicher als jedes zu behandelnde Münzmetall und greifen die Oberfläche nicht an. Bei der Bearbeitung einer Münze unter fließendem Wasser wird die Oberfläche nicht beschädigt, sondern die stempelglänzende Struktur wird wieder hergestellt. Damit auch bei sehr weichen Metallen kein »Strich« entsteht, empfiehlt es sich, die Münzen unter fließendem Wasser zu bearbeiten und ständig zu drehen.
Die beiden Fotos Seite 22 zeigen Ihnen einerseits, wie die Bürstenbehandlung unbedenklich auf der flachen Hand bzw. zwischen den Fingern vorgenommen werden kann; andererseits können aber auch Münzen auf dem Brett in der Halterung bearbeitet werden.

MÜNZ-TROCKNUNG

Jede Münze, die gereinigt wurde, ist dabei auch naß geworden. Eine Metallreinigung oder Behandlung mit Flüssigkeiten bedeutet grundsätzlich für jedes Metall einen Angriff auf die Oberfläche. Wir haben bisher die Erkenntnis gewonnen, daß einige Metalle (besonders Edelmetalle) sehr widerstandsfähig und manchmal sogar unempfindlich gegen schärfste Säuren sind (z. B. Gold und Platin). Gegen den angetrockneten Wassertropfen ist jedoch bei glänzender Oberfläche auch bei den edelsten Metallen noch kein Kraut gewachsen. Sowohl Goldmünzen wie auch Platinmünzen kapitulieren vor einem ange-

trockneten Wassertropfen und reagieren allergisch, indem sich bei unsachgemäßer Trocknung ein Wasserfleck auf der glänzenden Oberfläche abzeichnet. Münzen aus bestem Edelmetall, besonders in den Erhaltungsgraden ›Stempelglanz‹ und ›Polierte Platte‹, reagieren auf Wassertropfen sogar besonders empfindlich. Es ist äußerst schwierig, wenn nicht beinahe unmöglich, von der polierten Platte einer Gold- oder Platinmünze angetrocknete Wassertropfen rückstandslos zu entfernen. Die Spuren und verbleibenden Rückstände von Wassertropfen verändern den Erhaltungsgrad einer Münze so intensiv, daß er manchmal nicht mehr reparabel ist.
Wir sollten also bei der Trocknung aller Münzen nach Reinigung oder Behandlung in Flüssigkeiten unbedingt eine bestimmte Reihenfolge einhalten, die erprobt ist und Wertminderung mit Sicherheit ausschließt.
Grundsätzlich sollten alle gewaschenen Münzen, die ein Reinigungsbad durchlaufen haben, zunächst einmal neutralisiert werden, wie es im Abschnitt »Reinigung von Münzen« genauestens erklärt und beschrieben worden ist.
Nach dieser notwendigen Prozedur und nachdem die Münzen dem letzten feuchten Element (meist wird es neutrales und klares Wasser sein) entnommen wurden, werden sie mit festem Griff am Rand zwischen den Fingern gehalten, bei einiger Fertigkeit können mehrere Stücke gleichzeitig zwischen Daumen, Mittel- und Ringfinger gehalten werden, am besten so, daß sich die Flächen der Geldstücke nicht berühren (mit trockenen Stücken üben). Dann werden die Wassertropfen durch starkes Schütteln der Hand weggeschleudert. Bitte wertvolle Silbermünzen o. ä. einzeln in die Hand nehmen. Halten Sie die Münzen dabei sehr fest, denn wenn eine Münze hinunterfällt, wird bestimmt der Rand beschädigt!
Man kann nun diese Münzen mit einem sauberen, nicht fusselnden Frottee-Handtuch abtupfen. Nach diesem Abtupfen werden die Münzen zwischen *grobes* Saugpapier gelegt (z. B. Melitta-Küchenrolle) und durch Andrücken der Papierober-

fläche flüchtig getrocknet. Wenn die Feuchtigkeit auf den Münzen gut weggeschleudert wurde, kann evtl. das »Handtuch-Abtupfen« ganz entfallen. Die Münzen sollen nur ganz kurze Zeit zwischen dem groben Saugpapier liegen (höchstens 3 Minuten). Es entstehen jetzt auf den noch feuchten Münzen leichte Schatten oder Reste, die dem Beschlag auf einer Fenster- oder Spiegelscheibe ähneln, jedoch ist die Tropfenbildung des Wassers bereits ausgeschaltet und vermieden worden. Zur endgültigen Trocknung werden die einzelnen Stücke nun auf weiches, aber nicht fusselndes, sehr saugfähiges Papier umgelegt. Das können Tempo-Taschentücher oder Kleenex-Tücher bzw. Servietten aus ähnlichem weichem Zellstoff-Material sein. Zwischen diesem weichen Saugpapier können die Münzen bis zu 30 Minuten liegenbleiben, nachdem man das Papier auf den Münzen durch Anpressen oder Bestreichen mit der flachen Hand wirksam werden läßt.

Nach längstens 30 Minuten sind die Münzen trocken und frei von jedem Rückstand. Eine blanke polierte Platte erscheint wieder völlig makellos. Ob allerdings auch zwischen den feinsten Konturen der endgültig letzte Rest von Feuchtigkeit beseitigt wurde, dürfen Sie niemals durch eine Kontaktberührung mit der Hand auf der Münzenoberfläche prüfen; dies ist gefährlich und sollte deshalb unterbleiben. – Da für eine wirksame und erfolgreiche Konservierung aber nur eine garantiert 100 % trockene Münze brauchbar ist, sollten wir jetzt noch einen Schritt weitergehen. Nur durch warme Trocknung bzw. durch Anwendung von Wärme können alle Rückstände des Wassers mit Sicherheit entfernt werden.

Ich möchte deshalb empfehlen, daß Sie die Münzen auf eine Hartfaserplatte mit vielen Löchern und diese Trockenplatte wiederum auf den warmen Zentralheizungskörper legen, wie es das Bild Seite 29 zeigt. Nach dieser letzten Behandlung können evtl. vorhandene Staubkörnchen oder Spuren mit einem weichen Pinsel entfernt werden.

Bevor die Münzen zaponiert werden, müssen sie natürlich

abkühlen, damit der Lack langsam trocknet und die Lackschicht sich gleichmäßig verteilen kann.
Es wird sich manchmal nicht vermeiden lassen, daß der eine oder andere Behandlungsvorgang unterbrochen werden muß. Entweder sind die Münzen nicht rechtzeitig trocken oder der Prozeß muß unterbrochen werden, weil andere Termine unsere Beschäftigung mit den geliebten Sammelobjekten stören. Gleichgültig, bei welcher Stufe Sie jetzt eine Zäsur machen müssen, die beste Möglichkeit, einen Prozeß aufzuhalten ist, die Münzen in eine neutrale Flüssigkeit zu legen. Hierfür eignen sich entweder die Lackverdünner, fettfreies Waschbenzin oder Tetrachlorkohlenstoff. Legen Sie bitte die Münzen in ein neutrales Glas mit weiter Öffnung und »Twist-off-Verschluß« in eine dieser Flüssigkeiten. Die Münzen werden nicht beeinflußt und Sie können danach genau an dem Punkt wieder beginnen, bei dem Sie den Prozeß unterbrechen mußten. In der Praxis werden die Münzen nach der Entnahme lediglich ganz kurz an der Luft getrocknet; da alle diese genannten Stoffe sehr schnell verfliegen, entstehen weder Flecke noch Ränder. Bitte achten Sie darauf, daß kein Geldstück auf dem andern liegt.
Den Abschluß muß das sofortige Zaponieren bilden, denn die völlig fettfreie und praktisch chemisch reine Münze läuft in ungeschütztem Zustand besonders schnell an; das gilt verstärkt für Silber.

NACHBEHANDLUNG

Abschluß nach der Säuberung und Trocknung

Wir müssen grundsätzlich davon ausgehen, daß eine gereinigte und trockene Münze jeglichen Metalles nach unserer Behandlung keinen natürlichen Oberflächenschutz mehr besitzt, der normalerweise jeder Münze anhaftet. Seien dies nun geringe, kaum feststellbare neutrale Fettspuren, die schon beim Prägevorgang auf dem Rohmetall vorhanden sind, oder ein Schutzfilm, der sich im Laufe der Zeit durch Lufteinwirkung gebildet hat. Oft ist es auch eine natürliche Oxydation der Metalle, die hier nicht negativ bewertet werden soll, weil sich eigentlich auf jeder Umlaufmünze ein natürlicher Oxydationsfilm bildet.

Unsere gereinigte Sammlermünze ist nun zwar sauber und trocken, es fehlt jedoch jeder normalerweise vorhandene, natürliche und unsichtbare Oberflächenschutz. Völlig falsch wäre es deshalb, wenn wir nach der Reinigungsbehandlung die Münzen nun bis zur nächsten Anwendung unbeachtet sich selbst überlassen würden. Eine Reinigung, bzw. jedwelche Behandlung soll kontinuierlich hintereinander erfolgen und ist erst dann zu Ende, wenn sichergestellt ist, daß durch Umwelteinflüsse nichts mehr verändert werden kann.

Für uns bedeutet diese Erkenntnis, daß wir den Münzen entweder einen Schutzfilm geben oder sie endgültig konservieren. Besteht im Anschluß an die Reinigung aus irgendwelchen Gründen diese Möglichkeit nicht, dann müssen die Münzen in fettfreien, neutralen Flüssigkeiten unter Verschluß aufbewahrt werden (wie bereits bei Münztrocknung beschrieben). Im Anschluß an die perfekte Reinigung gibt es dann eigentlich nur zwei Möglichkeiten, nämlich erstens: konservieren bzw. zaponieren – und zweitens: für Sammler, die nicht konservieren möchten, das Einfetten mit völlig neutralen Fetten oder Ölen. Allerdings sieht das Einfetten der Münzen ganz anders aus, als man dem Begriff nach allgemein annimmt. Das neutralste säurefreie Fett oder Öl ist Paraffin. Paraffin gibt es als Öl oder als festes flockiges Fett. Das feste, fast pulverisierte Paraffin wird am besten zwischen den Fingern in geringster Menge verteilt, danach werden die Münzen in die Hand genommen und durch Reiben mit diesem Schutzfilm versehen.

Das Auftragen von Paraffin-Öl ist genauso wirksam, aber deshalb schwieriger, weil die Gefahr besteht, daß die Münzen überfettet werden. Bitte bedenken Sie, daß eine so behandelte Münze auch auf ganz empfindlichem Papieruntergrund oder auf Saugpapier nicht die geringste Ölspur hinterlassen darf und sich genauso neutral wie jede andere Münze verhalten muß.

Für die Ölbehandlung folgende Empfehlung. Ein Tuch aus Kunstseide oder Seide, so fein und dünn wie möglich (Synthetiks eignen sich nicht), soll so wenig von dem farb- und geruchlosen Öl aufnehmen, daß man es kaum wahrnehmen kann. Wenn Sie dann die Münzen damit abreiben, erzielen Sie den Schutzfilm, der dem natürlichen ähnlich ist.

Kurz vor Fertigstellung des Manuskriptes höre ich von einem Sammlerfreund aus dem Ruhrgebiet, daß Silbermünzen speziell im »Kohlenpott« in ganz kurzer Zeit blauen Belag ansetzen. Ein weiteres Mittel für einen Schutzfilm (seit Jahren erprobt) ist das Bereiben mit säurefreier Vaseline (Apotheke). Ein Hauch davon auf beide Handballen und gut auf der Münze verrieben, bildet dauerhaften Schutz, die Anwendung soll sogar bei ›Polierter Platte‹ ohne Gefahr möglich sein.

MÜNZ-KONSERVIERUNG

Alte Hasen mit jahrzehntelanger Sammlerpraxis lehnen einen Schutzüberzug oder ein »Zaponieren« der Münzen sehr oft ab. Warum wohl? – Wahrscheinlich deshalb, weil man vor

etwa 20 Jahren die vielseitigen und modernen Möglichkeiten noch nicht kannte und eine Konservierung früher umständlicher als heute war. Vielleicht auch deshalb, weil antike Münzen oft klassische Patina besitzen, die bereits konservierende Wirkung hat, und alte Silberstücke (z. B. aus dem Mittelalter) auch ohne besonderen Schutz kaum Veränderungen zeigen. Eine weitere Begründung mag darin zu suchen sein, daß Kunststoffe, Plastiktaschen und Münzalben mit Plastik-Folien noch vor 15 Jahren weitgehend unbekannt waren und Münzen anders als heute aufbewahrt worden sind, nämlich in Kästen, Münzschränken und auf Tablaren mit Samtbezug. Weitere plausible Gründe gegen eine Konservierung sind mir eigentlich nicht bekannt. Heute vergrößert sich jedoch die Gemeinschaft der Sammler moderner Münzen wesentlich schneller als die Sammlergilde, die ältere und klassische Münzen sammelt. Der Grund liegt einmal in dem immer knapper werdenden Material antiker und älterer Münzen und zweitens in den ständig steigenden Preisen dieses Sammelgutes. Natürlich ist es einem Anfänger oder jungen Münzensammler viel leichter und systematischer möglich, eine moderne Münzsammlung aufzubauen, abgesehen davon, daß auch der finanzielle Aufwand weitaus geringer ist. Die moderne Sammlung schließt natürlich nicht aus, daß nebenher begrenzte Gebiete »klassischer« Münzen angelegt werden, die stets einen interessanten Kontrast zur modernen Sammlung bilden.
Für den modernen Sammler ist nun aber eine »Konservierung« unerläßlich, denn in das Gebiet der modernen Münzen gehören Prägungen aus Zink, Eisen und Aluminium. Und wenn wir jetzt einen alten Hasen fragen, wie er z. B. Münzen aus Zink in einem sammelwürdigen Zustand über Jahre hinaus erhalten würde, dann hat er sich entweder noch nicht damit beschäftigt oder müßte logischerweise antworten:
»Konservieren!«
Damit sind wir bereits mitten im Thema und wollen zunächst einmal die vorgenannten Argumente untersuchen:

1. Eine Konservierung ist keinesfalls umständlich und es stehen mehrere Anwendungen zur Wahl, zwischen denen jeder nach seinem eigenen Geschmack, mit verschiedenem finanziellen und zeitlichen Aufwand wählen kann.

2. Moderne Münzen aus empfindlichen Metallen *müssen* konserviert werden, wenn man sie vor Oxydation schützen will. Der moderne Sammler erwirbt fast ausschließlich stempelglänzende oder bankfrische Münzen verschiedener Metalle, die gegen verändernde Einwirkungen naturgemäß empfindlicher sind als z. B. ein Silber-Taler oder ein Golddukat.

3. Man mag über die Aufbewahrung einer Münzsammlung geteilter Meinung sein und verschiedene Motivierungen für oder gegen Alben haben. Die Aufbewahrung einer Sammlung in Münzalben ist bestimmt auch nicht jedermanns Sache, aber wir kommen nicht daran vorbei, daß viele Sammler ihre Münzen in Alben einordnen. Es würde hier zu weit führen, die Gründe zu untersuchen oder über bessere und würdigere Aufbewahrungsmöglichkeiten nachzudenken. Ein Anfänger beginnt meist mit einem Album und oft bleibt er dann auch dabei. Es ist eine bekannte Tatsache, daß Münzen in manchen Plastiktaschen der Alben Veränderungen zeigten, weil Plastikmaterial nicht immer »münzfreundlich« ist. Münzen oxydierten nach kurzer Zeit, liefen an und auf Kupfermünzen bildete sich Grünspan.
   Einige Hersteller von Münzalben erkannten inzwischen die Probleme. Auch Versandstellen für Sammlermünzen reagierten erfreulicherweise sehr schnell und verwenden heute »münzfreundliches« Material für ihre Münzsätze. Jedoch garantieren leider nicht alle Hersteller von Münzalben für die Unschädlichkeit der durchsichtigen und weichen Folien. Bitte achten Sie beim Kauf von Alben auf die entsprechende Information und Garantie in den Prospekten. Eine Briefmarkenhandlung, die beispielsweise Münz-Alben verkauft,

kann natürlich weder eine Garantie abgeben, noch die Eigenschaften dieser Alben testen!

4. Ein weiteres positives Argument für eine Konservierung erübrigt sich. Alle Münzen, die konserviert wurden, lassen sich zu jeder Zeit zurückverwandeln ohne Schaden zu nehmen. Man kann die Konservierung genauso leicht entfernen, wie sie aufgetragen wurde.

Bei modernen Münzen, besonders in den Erhaltungsgraden uncirculated (unc.) oder bankfrisch (bkfr.) bzw. stempelglanz (stgl.) ist eine Konservierung einfach deshalb notwendig, damit diese Stücke auch noch nach Jahren wertmäßig den Abstand zu Münzen haben, die im Umlauf waren. Erfahrungsgemäß wird der bestehende Preisunterschied noch wesentlich vergrößert. Ein Beispiel aus der Praxis einer modernen Sammlung soll die Begriffe klären. Vor 10 Jahren kostete eine Bermuda-Crown in Silber (Prägejahr 1959) etwa DM 8. Der Preis stieg in den folgenden zwei Jahren unwesentlich auf etwa DM 10. Wer heute dieses Stück zum Yeoman-Katalogwert von $ 15, also für DM 60 angeboten erhält, sollte

dieses Stück sofort bestellen, allerdings wird er dann enttäuscht sein, wenn eine Münze mit Gebrauchsspuren, Kratzern oder Randschäden geliefert wird. Dieses Stück ist in Stempelglanz kaum unter DM 100 zu bekommen.
Wenn schon bei Silbermünzen Schonung und Erhaltung unerläßlich sind, dann wird es bei Münzen aus geringeren Metallen geradezu ›lebensnotwendig‹. Zinkmünzen sind oft die Stiefkinder einer Sammlung, aber sie gehören unbedingt dazu. Allerdings werden schmutzige oder beschädigte oder mit der sogenannten ›Zinkpest‹ behaftete Stücke – sollten sie auch noch so rar sein – einfach nicht akzeptiert. Junge afrikanische Staaten oder östliche Länder geben seit Jahren Aluminium-Münzen aus. Oft sind Münzen aus solchem Metall die einzigen eines Landes bzw. eines Zeitabschnittes. Der versierte Sammler erwirbt Aluminium-Münzen meist in stgl. oder in einer erstklassigen Erhaltung. Er sollte sich aber hüten, diese Stücke ohne Konservierung in seine Sammlung zu legen. Meist schon nach zwei Jahren erfolgt hier eine Oxydation, die nie mehr zu entfernen ist und eine verdorbene Münze aus unedlem Metall (Al, Zn, Fe) hat später einfach keinen Wert mehr.

Noch weitere Beispiele hierzu:

Jaeger-Katalog Nr. 373 a ist eine große Rarität (1 Pf = DM 2000), um in unserer Betrachtung ein Beispiel zu geben, aber die Nr. 373 b = 1 Pf Zink 1946 G (90 000 geprägte Stücke) bewertet der Katalog mit DM 150. Das ist kein Phantasiepreis, denn jeder Sammler dieses Gebietes würde für ein Stück in erstklassiger Erhaltung diesen Preis zahlen. Diese Münze wird jedoch kaum in einer Auktion angeboten. Ab und zu bietet man vielleicht so ein Stück an, aber fast immer in einem Zustand, der einer Münzsammlung nicht würdig ist und kein versierter Sammler, der kaufen soll, würde dafür mehr als 5 % des Katalogwertes zahlen, denn er weiß,

daß er dieses Stück nie mehr in einen Zustand rückverwandeln kann, der als Sammlerqualität akzeptiert wird.
Griechenland, moderner Münzsatz: Versuchen Sie bitte einmal das 5-Lepta-Stück (Kurswert DM 0.006), in stgl. zu erwerben. Katalogwert nur DM –.60, aber auch für einen höheren Betrag wird diese Münze in erstklassiger Erhaltung noch nicht einmal im Land selbst zu erwerben sein, das liegt in diesem Falle an dem geringen Kaufwert.
Mali (West-Afrika) gab 1961 einen Satz von nur drei Münzen in Aluminium-Prägung aus, Katalogwert DM 21. Dafür können Sie heute diese drei Stücke nicht mehr in unc. oder stgl. kaufen, allerdings werden diese Münzen, die einen geringen Nominalwert haben, für nur DM 10 angeboten, leider oxydiert und für den Sammler nicht mehr akzeptabel. –
Mongolische Volksrepublik: Wer kennt diese Münze schon und wer kommt an diese Werte? – Wirklich eine Rarität für teures, aber gut angelegtes Geld. Ich war froh, einen sehr schlechterhaltenen Satz 1959 (Katalogwert DM 82 für 5 Al-Münzen) vor 8 Monaten für DM 20 zu erwerben, nur um meine Sammlung zu komplettieren. Jetzt konnte ich diesen Satz in stgl. kaufen, zwar für DM 70, aber es lohnt sich, allerdings nur dann, wenn der Zustand erhalten werden kann.
Meine werbende und sehr ausführliche Einleitung für die Konservierung von Münzen wäre nicht vollständig, wenn die Erklärung für die Aufbewahrung in modernen Plastik-Alben fehlen würde. Leider nutzt nach neuesten und wissenschaftlich bewiesenen Erkenntnissen auch die beste Konservierung nichts, wenn die glasklaren weichen Plastikfolien in den Münzalben Stearinsäure bzw. Stearat enthalten, welches in manchem PVC-Material als Stabilisator vorliegt. Stearat kann durch die Lackschicht durchdiffundieren und manchmal schon nach 6 Monaten die Oberfläche der Münzen (vor allem Kupferlegierungen) angreifen. Deshalb nochmals meine Empfehlung: Verlangen Sie beim Kauf von Münzalben eine verbindliche Garantie des Herstellers.

Bitte denken Sie aber auch selbst einmal darüber nach, wie und unter welchen Umständen manchmal Münzen in Alben einsortiert werden; unter diesen Voraussetzungen hilft natürlich keinerlei Garantie. Sie erwerben Sammlermünzen z. B. auf Tauschabenden, durch Übergabe von Hand zu Hand – oder durch Postsendungen, um nur einige Beispiele zu nennen. Diese »Postmünzen«, die viele Kilometer gereist sind, die aus der Kälte kamen oder vielleicht im Dezember aus Süd-Afrika eintrafen, wo gerade Hochsommer ist, werden oft ohne Behandlung oder Konservierung sofort oder nach nur wenigen Stunden in die Plastiktaschen eines Albums sortiert. Manchmal allerdings betrachtet außerdem auch noch die ganze Familie von der Oma bis zum jüngsten Enkel die Neuerwerbungen mit mehr oder weniger Sachkenntnis, erst nachdem diese Stücke »fachmännisch« bewundert worden sind – in der vom Bratendunst geschwängerten Küche, im frischgedüngten Garten oder im rauchigen Wohnzimmer – und von Hand zu Hand gingen, kommen diese Wertobjekte in eine Plastikhülle, die nach neuesten Erkenntnissen zwar neutral ist, aber wenig atmet und kaum Luft enthält. Alle Berührungsprodukte der Reise, des Klimawechsels, der Raumluft und nicht zuletzt die keinesfalls neutrale Feuchtigkeit verschiedener Hände wandern in diese Plastiktasche mit hinein. Wundern Sie sich jetzt noch, wenn sich die Münze nach dieser ›quälenden Prozedur‹ verändert? Genug der vielen Worte und Erklärungen, aber sie waren notwendig, allein deshalb, um auch Skeptikern zu beweisen, daß ohne richtige Behandlung und ›Konservierung‹ eine Münzen-Sammlung kaum werterhaltend und gepflegt aufgebaut werden kann.

Nun zur Praxis der Münz-Konservierung. Nach meinen Einführungen kann ich es mir jetzt ersparen zu erklären, daß nur einwandfrei saubere Münzen würdig sind, konserviert zu werden. Wie Münzen gereinigt werden sollen, wird in einzelnen Abschnitten ausführlich erklärt, wir gehen jetzt davon aus, daß wir uns mit einer für die Begriffe der Numismatik und des Sammlers einwandfrei sauberen Münze befassen, die konserviert werden soll. Genauso wie ich für jedes Metall verschiedene Reinigungsarten und Stufen vorschlage, so möchte ich für die Konservierung von Münzen auch verschiedene Verfahren und Anwendungsmöglichkeiten empfehlen, die sich jeder Sammler seinen Mitteln und seinem Geschmack entsprechend auswählen sollte. Auch hier gilt zunächst das immer richtige Sprichwort: »Probieren geht über Studieren.«

Metall-Lack oder Zapon-Lack

Seit etwa 15 Jahren erfreuen sich die Hausfrauen an blanken Messing-, Chrom- oder Nickellampen, die ständig gleichbleibend blank und sauber sind und die nie geputzt zu werden brauchen. Für die Reinigung der Metallteile dieser Lampen oder auch anderer Metallgegenstände genügt einfaches Staubwischen oder gelegentliche Säuberung mit einem feuchten Tuch ohne Putz- und Scheuerzusätze. Diesen gleichbleibenden Metallglanz verdanken wir einem farblosen, schnell trocknenden Lack-Überzug, welcher unter der handelsüblichen Bezeichnung »Zapon-Lack« in jedem Fachgeschäft erhältlich ist. Ein ähnlicher Zapon-Lack kann auch für die Münz-Konservierung verwendet werden. Es ist nun aber nicht jeder Metallack ohne vorherige Prüfung zu empfehlen. Wir sollten an einen guten »Münz«-Lack die folgenden Ansprüche stellen: Der Lack darf nicht rissig werden, er darf nicht vergilben oder nachdunkeln, er muß eine gute Haftfähigkeit, gute Dichte, Elastizität und Kratzfestigkeit besitzen. Außerdem soll der Lack schnell trocknen und (siehe oben): die Schutzschicht oder besser der Lackfilm sollte sich mit üblichen Lösungs- oder Verdünnungsmitteln wieder entfernen lassen. Sie können nun nicht erwarten, daß alle Lack-Empfehlungen selbst ausprobiert worden sind, aber die folgenden Empfehlungen zeichnen sich dadurch aus, daß sie von vielen erfahrenen Numismatikern empfohlen und auch in der Praxis angewendet werden. Man sollte hieraus jedenfalls erkennen, daß man wählen muß und nicht vorbehaltlos alles anwenden kann, was als Metallack angeboten wird.

1. Aufgrund längerer Versuche kann an erster Stelle der CLOU-Zaponlack empfohlen werden. Dieser Lack ist sehr dünnflüssig, vergilbt nicht und trocknet sehr schnell. Hersteller Lackfabrik Alfred Clouth, Offenbach, Bieberer Straße. Diesen Lack bekommen Sie in fast jedem Farbengeschäft, bitte kaufen Sie gleichzeitig den entsprechenden Verdünner gleichen Fabrikates dazu.

2. Ein anderer Spezial-Lack ist ›ML 68‹, der von Firma Helmut Friedle in Heilbronn angeboten wird. Die Zusammensetzung kenne ich nicht, aber wahrscheinlich ist er auch auf Zellulose-Basis aufgebaut, denn er kann sowohl mit Zellulose oder Trichloräthylen verdünnt werden. Dieser Lack soll sich besonders gut auf Metall verteilen (wenn er entsprechend dünn ist) und auch beim Auftragen mit dem Pinsel keine Bläschen bilden.

3. Jaegers Münz-Zapon (Lackfabrik Paul Jaeger & Co. KG. Stuttgart) ist ein Spezial-Münz-Lack mit allen erforderlichen positiven Eigenschaften, vor allem trocknet er sehr schnell und läßt sich jederzeit durch die mitgelieferte Verdünnung wieder entfernen. Jede Flasche hat auf dem Etikett eine Anwendungsempfehlung.

4. Außerdem soll noch ein weiteres Fabrikat besprochen werden: »Pantarol«. Herstellung und Vertrieb: J. Richter, 75 Karlsruhe, Postfach 13 700. Dieser Lack ist sehr fest und widerstandsfähig. Eine besondere Eigenschaft des Pantarol sollte aber unbedingt berücksichtigt werden. Die trockene

Lackschicht bleibt nur wenige Tage löslich. Ältere Lackschichten quellen in der Lösung neu auf und müssen abgewischt werden, eine Überlackierung ist deshalb nicht möglich, weil sich dabei wellige Schichten bilden, die alte Lackschicht muß völlig durch Abwischen entfernt werden. Pantarol kann mit Essigsäureäthylester oder Aceton verdünnt werden.

5. Soll eine einzelne Münze möglichst sofort lackiert werden und es fehlt am geeigneten Lack, dann kann man es sogar mit farblosem Nagellack versuchen. Da es davon aber mindestens 50 Zusammensetzungen gibt, kann hier keine spezielle Empfehlung ausgesprochen werden.

Wenn man es ganz genau wissen möchte, müßte man jetzt etwa 5 mal 5 gleiche und dann noch 5 mal 5 Münzen verschiedenen Metalls nehmen und diese insgesamt 50 Münzen mit allen vorher empfohlenen 5 Lacken behandeln. Dann sollten wir diese Münzen (je 10 Stück) unter 5 verschiedenen Voraussetzungen mindestens 10 Jahre aufbewahren. Nach 10 Jahren wüßten wir, welches der beste Lack für welches Metall ist und welche Aufbewahrungsmöglichkeit die richtige ist. Da das aber praktisch nicht durchführbar ist, verstehen Sie vielleicht, weshalb ich verschiedene Möglichkeiten vorschlage.

Beginnen wir zunächst mit dem Verfahren des ›Zaponierens‹, dies ist die bekannte Formulierung für eine Münzkonservierung durch Lackieren. Die Bezeichnung ›zaponieren‹ ist gegenüber der Bezeichnung ›lackieren‹ wahrscheinlich auch deshalb richtiger, weil wir hier tatsächlich nicht durch Lack falschen Glanz auf die Münzen zaubern möchten, der vorher nicht vorhanden war. Einer richtig ›zaponierten‹ Münze sollte man den Schutzüberzug kaum ansehen und deshalb sollte dieses Verfahren vorher gründlich ausprobiert werden, besonders

bevor man sich an stempelglänzende Münzen oder gar an polierte Platten heranwagt. Es gibt auch hier abweichende Ansichten, und ich kenne viele Sammler, die es grundsätzlich ablehnen, polierte Platten zu zaponieren.
Als grundsätzliche Regel für die Aufbewahrung und Handhabung aller Lacke sollten wir uns merken, daß die Lacke nur in Glasflaschen oder Gefäßen mit Schraubverschlüssen, noch besser mit Bajonett- oder ›twist-off‹-Verschlüssen aufbewahrt werden sollten. Eingeschliffene Glasstöpsel oder gar Korken können verkleben. Aufbewahrung in Flaschen aus Weichplastik ist nicht zu empfehlen, da dieses Material porös ist und atmet, der Lack wird schon nach kurzer Zeit dickflüssig und müßte ständig verdünnt werden. Ganz gefährlich ist die Verwendung von Gefäßen aus Hartplastik oder Hart-PVC (z. B. Joghurt-Becher), diese werden durch Lack oder Verdünner gelöst und können den glasklaren Lack milchig machen, eine milchige Lack-Dispersion verdirbt die Münze endgültig und ist nicht mehr zu entfernen!!
Damit unser Konservierungs-Lack die Münzen nicht glänzend macht, sollten dem handelsüblichen Lack vor Anwendung etwa 30 % Verdünner (dieser Anteil kann je Fabrikat anders sein) hinzugesetzt werden. Durch Verdunstung und den Gebrauch in verschiedenen Zeitabständen dickt Lack ständig ein und man sollte deshalb ab und zu einen kleinen ›Schuß‹ Verdünner hinzufügen. Bitte achten Sie darauf, daß nach dem Zusetzen von Verdünner gut gemischt (geschüttelt) wird; es ist auch eine Wartezeit von etwa 10 Minuten vor Anwendung zu empfehlen, da sich als Folge einer nicht guten Vermischung zwischen Lack und Verdünner nach dem Zaponieren auf der Münze Bläschen oder ›Newtonsche‹ Ringe bilden können. Diese Ringe in schillernden Regenbogen-Farben kennen Sie sicher von unsachgemäß unter Glas eingerahmten Diapositiven.

Verschiedene Auftragungsmethoden der ›Münz‹-Lacke

1. Münz-Lack in Spraydosen ist eine neue Sache. Ob in der Spraydose Zapon- oder anderer Lack enthalten ist, habe ich noch nicht festgestellt. Aber diese Methode gefällt mir nicht. Vielleicht bin ich auch zu ungeschickt oder habe zu wenig trainiert; die Industrie verzeihe mir deshalb bitte mein negatives Urteil. Meist sollen die Münzen auf eine glatte Fläche gelegt werden und dann laut Gebrauchsanleitung aus 20 cm Entfernung kurz und schnell von einer Seite zur andern besprüht werden. Nach dem Eintrocknen sollen Rückstände mit einem weichen Tuch entfernt werden, danach verfahre man genauso mit der Rückseite. Diese Art der Konservierung ist sicher die schnellste, ob sie die beste Methode ist, wage ich zu bezweifeln. Vielleicht findet mancher Sammler mit wenig Zeit Gefallen daran und entwickelt diese Technik zur Perfektion. Mir gefällt daran folgendes nicht:

a) Ich kenne die Zusammensetzung dieses Münz-Sprays nicht und weiß deshalb nicht, wie es jemals entfernt werden kann.
b) Manche Münz-Sprays enthalten Silikon. Dagegen habe ich etwas, seit ich einen Sonntagvormittag damit verschwendet habe, Silikon von der Windschutzscheibe meines Autos zu entfernen.
c) Eine Unterlage für die Münzen beschafft man sich sehr schnell, sie ist aber nie groß genug, um benachbarte Möbel, Gegenstände oder die Luft im Zimmer vor den Sprüh-Nebeln zu schützen. Und eine Lackierwerkstatt oder einen Arbeitsraum besitzen die wenigsten Sammler.
d) Nachdem man mit wertlosen Münzen getestet hat, kann schon 40 % der Spraydose verbraucht sein. Meist wird zuviel Spray aufgetragen, denn der Druck in der Dose ist bei jeder Anwendung unterschiedlich und hängt sowohl vom Mechanismus wie auch vom Temperament und nicht zuletzt von der jeweiligen Raumtemperatur ab.

e) So leicht wie man ein Zuviel des Guten auf den Münzen erkennt, so schwer ist es ein Zuwenig auf der Münze festzustellen. Man wird dann nie das Gefühl los, daß der Lack zu dünn aufgetragen wurde und nicht richtig alle Stellen, einschließlich der Ränder, bedeckt. Eine unvollkommen konservierte Münze mit Lücken ist aber größeren Gefahren durch Korrosion oder Fleckenbildung ausgesetzt, als eine nicht behandelte.
f) Nachträgliches Abwischen lehne ich ab, denn Fasern eines weichen Tuches verschönen nicht den Erhaltungsgrad.

2. *Tauchverfahren mit Wäscheklammern:* Gewöhnliche Wäscheklammern aus Holz werden am unteren Ende etwas gekürzt (abschneiden oder absägen). In eine Seite des oberen Teils der Klammer drückt man einen Reißnagel nur so weit ein, daß sich zwischen dem Stift und der Klammer ein Abstand befindet, der ein Aufhängen an eine dünne Schnur ermöglicht. Die zu einem Drittel eingeklammerte Münze taucht man nun in etwas verdünnten Münz-Lack (siehe oben), zieht sie langsam heraus, hängt sie zum Trocknen auf die Münzleine. Falls sich ein Lacktropfen bildet, wird er mit einem feinen Haarpinsel, der in Verdünner getaucht wurde, entfernt. Nach höchstens einer Stunde bei möglichst staubfreier Zimmerluft wird die Münze an der entgegengesetzten Seite angeklammert und dann die andere Seite in den Lack getaucht. Hierbei muß man darauf achten, daß sich die Lackschichten überdecken.

a) *Vorteile:* Einwandfreie, garantiert strichfreie Lackierung.

b) *Nachteile:* Viel Zeitaufwand und Mühe, es ist möglich, daß sich bei Überschneidung der Lackschichten in der Mitte eine feine Linie abzeichnet.

3. Drei-Phasen-Methode: Münze von beiden Seiten mit einer kunststoffbeschichteten Pinzette fassen. (Pinzette soll sich auf Druck öffnen und an den Greifstellen mit Kunststoff oder Zapon-Lack beschichtet sein, dies erreicht man durch mehrmaliges Eintauchen der Greifstellen in den Lack und Trocknen dieser mindestens 6 Schichten.) Man rollt den Rand der in der Pinzette gehaltenen Münze auf einer flachen Schicht frischen Lackes ab und trocknet den Rand dann auf einem U-förmigen »Bock« oder Kunststoffkorken einer Sektflasche, der an den Seiten eingeschnitten ist, damit man die Pinzette von der Münze wieder lösen kann. Danach betropft man die Oberseite mit dünnem Münz-Lack aus einer Pipette und läßt ihn gleichmäßig verlaufen, evtl. Lacküberschuß oder Bläschen werden mit einer anderen »Saug«-Pipette abgesaugt (Pipette dann sofort in Verdünner reinigen). Nach einer Stunde kann die Münze gewendet werden (mit der Hand den Rand anfassen) und die dritte Behandlungsphase der Rückseite schließt sich an. Trocken nach einer Stunde.

a) *Vorteile:* Alle Seiten der Münze sind geschützt, kein Pinselstrich, absolut dicht, keine Überschneidung der Lackschichten in der Mitte.

b) *Nachteile:* Sehr viel Vorbereitung, viel Geräte und Hilfsmaterial erforderlich (allein schon das Leeren der vielen Sektflaschen, wegen der Korken), großer Zeitaufwand, Geschick erforderlich.

4. Tauch-Trocken-Verfahren: Die Münze wird mit einer einwandfrei weichen und neutralen Pinzette (Messing mit feiner Spitze und Lackbezug) in Lack getaucht, der möglichst dünnflüssig ist. Nach dem Tauchbad gut abtropfen lassen und Lackreste mit feinem Pinsel entfernen. Danach in ein Trockengestell stellen und mindestens 1 Stunde trocknen lassen. Das Trockengestell sieht so aus:

Zwei 4 cm breite, dünne Sperrholzbrettchen werden wie ein Prisma etwa zu 110 Grad gegeneinander auf zwei Seitenholmen wie ein Bock verleimt. Die Berührungsflächen werden gut lackiert und gehärtet (48 Stunden trocknen, Luftlack oder Bootslack verwenden).
Die Auflageflächen sind bei dieser Neigung so gering, daß die Wirkung nicht beeinträchtigt wird.

a) *Vorteile:* Glatte Lackschicht, kaum Fehlerstellen, Lack auf der Münze ist nicht zu erkennen. Wenig Zeitaufwand.

b) *Nachteile:* Vorbereitung der Geräte, Beachtung der Punkte, die durch die Pinzette berührt worden sind!

5. Zaponieren mit Aquarell-Pinseln: Dieses Verfahren, das ich seit einiger Zeit mit bestem Erfolg anwende, empfahl mir mein »ältester« Sammlerfreund, Walter Grass, den ich als erfolgreichen Sammler moderner Münzen kenne. Deshalb habe ich seine Vorschläge beinahe vorbehaltlos akzeptiert und bin bisher damit gut gefahren. Weshalb ich dieses erprobte Verfahren nicht allen als einziges empfehle, ist eigentlich nur darin begründet, daß ich den individuellen Versuchen anderer Methoden nicht gern widersprechen möchte, denn alle Vorschläge beinhalten Vorteile, die man kaum miteinander vergleichen kann. Die »Pinseltechnik«, wie ich sie bezeichnen möchte, hat unbedingt den großen Vorteil, daß sie schnell ist und daß viele neue Münzen gleichzeitig behandelt werden können. Man braucht hierzu eine glatte Unterlage, die aus einer gut geleimten Pappe bestehen kann. Die Münzen werden auf die glatte Fläche gelegt. Ein ganz feiner Aquarellpinsel wird in die Lackflasche getaucht und mit »sattem« Strich auf die Münze aufgetragen. Die Münze wird mit einem Holz-Zahnstocher festgehalten und beim ersten Lackiervorgang wird der Rand und die Oberfläche *ohne abzusetzen* dünn lackiert (das meine ich mit »sattem« Strich); enthält der Pinsel zuviel Lack, sollte dieser vorher (besonders bei Kleinmünzen) am Glasrand oder auf der Unterlage abgestreift werden. Zuwenig oder zu dickflüssiger Lack ist nachteilig, denn dann muß der Pinsel nachträglich eingetaucht werden und dann gibt es bei der schnellen Trocknung ›Pinselstriche‹, die besonders bei Stempelglanz oder polierter Platte auffallen. Sofort erkannter Pinselstrich kann dadurch ausgeglichen werden, daß man neben der Lackflasche eine Flasche mit Verdünner aufstellt. Bestreichen einer Münze mit Verdünner gleicht sofort den Pinselstrich aus, evtl. etwas pusten! Nachdem Vorderseite und Rand lackiert sind, läßt man die Münzen auf der glatten Unterlage etwa 60 Minuten trocknen, dreht die Münzen danach um und bestreicht nur noch die anderen Seiten.

Nach einer weiteren Stunde sind alle Münzen getrocknet und man kann sie am nächsten Tag in die Sammlung einsortieren. – Besser ist jedoch, wenn man »konservierte« Münzen grundsätzlich erst zwei bis drei Tage an der Luft trocknen läßt, bevor man sie in die Albenfolien einordnet.

a) *Vorteile:* Schnelle Methode ohne viel Zeit- und Materialaufwand. Diese Behandlungsart kann ohne große Umstände auch im Wohnzimmer ausgeführt werden.

b) *Nachteile:* Etwas Übung erforderlich, damit der Pinselstrich nicht sichtbar ist. Es ist erforderlich, daß gutes Licht oder Kunstlicht von oben auf die Münze strahlt, damit Pinselstriche sofort erkannt werden.

Noch eine wichtige Empfehlung zur Arbeit mit dem Pinsel: Über den Holzstiel des Pinsels wird ein Flaschengummi von einer Seltersflasche gesteckt. Der Pinsel kann dann eingetaucht im Lack hängen, der Flaschengummi hält ihn fest und verschließt gleichzeitig den Flaschenhals. Der Pinsel soll im Lack hängen und nicht auf dem Boden der Flasche stehen, weil sich sonst die feinen Haare verbiegen könnten. Zwischen der Lackierung der Vorder- und Rückseite kann der Pinsel im Lack hängen bleiben. Nach Beendigung sollte der Pinsel etwa 10 Minuten in gleicher Weise in den Verdünner gehängt werden, danach wird er abgewischt. Der Pinsel kann dann immer wieder verwendet werden, die sehr feinen Aquarell-Härchen verkleben nicht und können nicht hart werden.

Entfernung der Lackschicht von konservierten Münzen

Anschließend soll noch die Entfernung der Lackschicht bzw. des Schutzfilms erklärt werden. Grundsätzlich müssen für jede Lackart die dazu gehörenden Verdünner benutzt werden. Eine frischlackierte Münze, deren Überzug wieder entfernt werden soll, wird sofort und schnell in Verdünner getaucht oder damit reichlich bestrichen. Am besten eignet sich hierzu wieder ein sauberer Aquarellpinsel oder ein Wattebausch bzw. Watteträger. Watte fuselt nicht, wenn sie naß ist und verhält sich bei chemischer Reinheit völlig neutral. Da alle Verdünner schnell verflüchtigen, ist eine Trocknung danach nicht erforderlich.

Bevor wir die Münze neu lackieren, muß in jedem Fall geprüft werden, ob der Lack restlos entfernt ist, sonst finden wir später ›Berge‹ auf den Münzen.

Etwas länger dauert die Entfernung älterer, lange getrockneter Lackschichten. Anfeuchten, Benetzen oder Abwischen mit Lackverdünnern ist nicht empfehlenswert. Legen Sie diese Münzen mindestens 30 Minuten bis zu einer Stunde in das Verdünnungsmittel (nur Glas- oder Porzellangefäße verwenden) und achten Sie bitte unbedingt darauf, daß kein offenes Feuer in der Nähe ist (feuergefährlich); man sollte auch beim Lackieren darauf achten und niemals mit brennender Zigarette diese Arbeiten ausführen.

Verdünner verflüchtigen sich etwa zehnmal schneller als Münzlack und wir sollten diese ›Lack-Lösungs-Bäder‹ grundsätzlich nur in einem Glas mit geschlossenem Schraubdeckel durchführen. Erstens wird dadurch die Feuer- oder Explosionsgefahr ausgeschaltet und zweitens haben Sie länger etwas von der Flüssigkeit, weil sich wenig verflüchtigt. Allgemein sind alle Verdünner so neutral und unschädlich, daß man saubere Münzen, wenn es sein müßte, mehrere Tage darin aufbewahren könnte. Dies habe ich in der Einleitung bei der Vorbehandlung bereits erklärt.

Nachdem nun alle Lackrückstände restlos durch den Verdünner entfernt wurden, haben Sie es wieder mit einer blanken, oder richtiger, völlig nackten Münze zu tun. Sie können jetzt alle Behandlungsarten von der Reingung bis zum Silbertauchbad wieder neu vornehmen, falls dies erforderlich ist. – Sollte keine Zwischenbehandlung erforderlich sein, empfehle ich, sofort nach der Lackentfernung die neue Lackierung vorzunehmen, damit vermieden wird, daß die Münze an der Luft evtl. anläuft oder beschlägt. Man sollte daran denken, daß so eine Münze nach der Lack-Entfernung auch ohne den sonst üblichen-Fett-Schutzfilm ist, der allgemein unsichtbar und kaum feststellbar jeder neuen Metallmünze aufliegt. Bei einigen Lacken oder bei ganz alten und festen Lackschichten kann es evtl. vorkommen, daß sich der Lack nicht völlig löst, sondern wie eine weiche Gelatine-Schicht auf der Münze haften bleibt. Die weiche Gallertmasse kann dann durch Reibung in der Hand entfernt oder abgezogen werden. Bitte achten Sie darauf, daß auch die Randschicht völlig entfernt wird. Prüfen Sie nach dieser ›Handbehandlung‹ genau den Zustand der Münze und fangen Sie dort wieder an, wo Ihrer Meinung nach eine neue Behandlung und Pflege erforderlich ist.

»ZWISCHENSTATION«

Verzeihen Sie mir bitte diese Überschrift, aber für diesen Abschnitt ist mir nichts Passenderes eingefallen.
Mit »Zwischenstation« meine ich den Zustand oder den Zeitraum, welcher einerseits zwischen der abgeschlossenen Reinigung und Pflege bis zum Schutzfilm-Überzug oder dem fertigen Konservieren liegt und andererseits dem Augenblick, in dem wir die Münze endgültig der Sammlung zuordnen, bzw. in dem wir die Münze zu den anderen legen. Auch hier wird es Variationen geben, entweder legen wir die Sammelmünzen in Plastic-Alben, in Münz-Schränke, auf Tablare oder auf Kunststoff-Plättchen.
Genauso wie eine ununterbrochene Behandlung von der Reinigung bis zur Konservierung wichtig war, ist andererseits jetzt danach unbedingt eine Pause oder Zwischenstation einzulegen. Jede konservierte Münze soll vor der Einsortierung ausruhen und sowohl neutrales Paraffin wie Zapon-Lack müssen nicht nur einwirken, sondern sollen trocknen und mit dem Metall eine Verbindung eingehen. Dies wäre nicht möglich, wenn wir konservierte Münzen gleich in Plastiktaschen legen würden, in denen die Münze einem gewissen Luftabschluß unterliegt. Die Lackschicht ist zwar getrocknet, aber

noch längst nicht so fest, daß man diese als fest mit der Münze verbunden bezeichnen könnte. Die Zaponlackschicht kann in diesem Zustand von der reibenden Plastikhülle (bewegt werden ja die Alben oder die Seiten irgendwann immer) beeinflußt oder beschädigt werden.
Deshalb gönnen Sie bitte den behandelten bzw. konservierten Münzen vor dem Einsortieren in die Sammlung eine Ruhepause von etwa einer Woche. Während dieser Zeitspanne müssen die Münzen bei normaler Zimmertemperatur möglichst außerhalb eines einengenden Schrankes auf kleinen Münztablaren liegen. Berühren sollte man die Münzen während dieser Zeit nur einmal zum Wenden, damit auch die Auflagefläche der Luft ausgesetzt wird. Sonnenbestrahlung ist in jedem Falle zu vermeiden.
Wenn Sie nun nach dieser Zwischenstation die Münzen in die Sammlung einordnen, dann haben Sie eigentlich alles getan, was für die Sammelstücke eine Voraussetzung für richtige Pflege ist, und damit haben Sie gleichfalls die Garantie, daß die Sammelmünzen für alle Zukunft bei richtiger Aufbewahrung sich nicht mehr verändern können und somit den reellen Sammelwert jederzeit repräsentieren.

KLEINE METALLKUNDE

Münzmetalle und Münzlegierungen

Wenn heute jemand nach der ältesten und nach der neuesten Metall-Legierung fragt, die in der Münzprägung verwendet wird, so könnte man in beiden Fällen antworten »Elektron«. Diese Antwort ist richtig, nur sollte man wissen, daß es sich hier um zwei ganz verschiedene Metalle oder Legierungen handelt, die miteinander nicht die geringste Ähnlichkeit haben. Die ältesten antiken Münzen, welche vor 2700 Jahren geprägt wurden (700 v. Chr.), bestehen aus einer Mischung von Gold und Silber, die sich als natürliches Metall, z. B. in Lydien und Spanien, fand – anfangs wurde dieses Metall für Schmuck verwendet, dann für die Münzen in Lydien und den Griechenstädten Westkleinasiens. Die Lyder (Kroisos 561–546 v. Chr.) haben danach als erstes Volk reines Gold zur Münzprägung (Stater) verwendet; bei den Griechen finden wir die Elektronprägungen bis ins 4. Jahrhundert, zu dieser Zeit aber schon in ziemlich gleichbleibender Legierung (30–35 % Goldanteil), woraus man schließen kann, daß es sich hier um künstliche Legierungen handelt. Die Bestandteile der einzelnen Metalle Gold und Silber waren beim natürlichen Elektron sehr unterschiedlich (Goldanteil von 20 bis über 50 %).

Das moderne Münzmetall »Elektron« könnte in der Wertigkeit aller Münzmetalle gut die letzte Stelle einnehmen, es handelt sich hier um eine Legierung aus Aluminium (Al) und Magnesium (Mg). In Katalogen und Münzliteratur findet man allerdings hierfür nicht die Bezeichnung Elektron, sondern diese wird überwiegend in der Technik und hier wieder speziell für Flugzeugmetalle verwendet. Der Numismatiker nennt diese Legierung korrekt Aluminium-Magnesium (Al-Mg), durch den Magnesiumzusatz erhält die sehr weiche Aluminium-Münze eine größere Härte. Als reines Metall ist Magnesium kaum härter als Aluminium, erst die Legierung beider Metalle führt zu der erwünschten Steigerung der mechanischen Eigenschaften. Aluminium-Münzen werden hauptsächlich in Notzeiten geprägt, man findet sie allerdings auch heute sehr häufig unter den modernen Münzen östlicher Länder und Afrikas und man muß sich deshalb gerade mit diesem problematischen Metall befassen, denn auch hierunter finden wir oft wertvolle Stücke (z. B. Mongolei), und gerade die Erhaltung und Pflege dieser Stücke erfordert besondere Aufmerksamkeit, denn eine einmal oxydierte Al-Münze läßt sich nicht mehr in ihren ursprünglichen Zustand verwandeln.

Jeder Sammler moderner Münzen weiß, wie schwer es z. B. ist, heute ein griechisches 5-Lepta-Stück (Kurswert: 0.0065 DM) in stempelglänzender Erhaltung zu bekommen. Griechische Geschäftsleute führen dieses Nominal kaum noch, bei griechischen Banken findet man diese Stücke zwar noch, aber nur in schlechter Erhaltung, wie lange wird es noch Umlaufmünze bleiben? Aber dieses Stück gehört genauso wie die 10- und 20-Lepta-Stücke in die Sammlung, und diese Nominale können später in erstklassiger Erhaltung vielleicht wertvoller als manche Münze aus edlerem Metall sein. Diese Einführung und der Ausflug in die Geschichte sollen dem Leser vor Augen führen, daß Münzen sammeln und pflegen nur dann richtig betrieben werden kann, wenn man auch über einige Kenntnisse des Rohmaterials, also der Metalle, verfügt und deshalb zunächst einmal einen Überblick in Form einer Tabelle über die Metalle, welche uns in der Numismatik begegnen:

Tabelle der chemischen Grundmetalle, die für Münzlegierungen oder Plattierungen verwendet werden.

	Metall:	chem. Zeichen:	Schmelzpkt. Celsius:	spez. Gewicht:	Härtegrad nach Brinell kg/mm²
Edelmetalle	Platin	Pt	1.744	21,5	50
	Gold, Aurum	Au (AV)*	1.063	19,3	18
	Silber, Argentum	Ag (AR)*	961	10,1	25
Hartmetalle	Nickel	Ni	1.455	8,9	80
	Eisen/Stahl	Fe	1.530	7,7	60
	Kupfer, Cuprum	Cu (AE)*	1.084	8,9	50
Weichmetalle	Zink, Zincum	Zn	419	7,0	35
	Zinn, Stannum	Sn	232	7,3	8
	Blei, Plumbum (seltenes Legierungsbestandteil)	Pb	327	11,4	4
Leichtmetalle	Aluminium	Al	658	2,7	18
	Magnesium	Mg	650	2,4	35

In Katalogen, Angebotslisten und auch in diesem Buch finden wir ständig wiederkehrende Begriffe in Abkürzungen für spezielle Münzmetalle und Legierungen. Immer häufiger, vor allem im internationalen Sprachgebrauch, werden nur noch diese Symbole, die mit den chemischen Elementbezeichnungen identisch sind, verwendet.
Deshalb ist es erforderlich, daß wir nochmals die Abkürzungen der wichtigsten Metalle mit ihren chemischen Symbolen, die ohne Punkt mit 2 Buchstaben gekennzeichnet sind, alphabetisch nennen:

Aluminium	Al	Magnesium	Mg
Blei (Plumbum)	Pb	Nickel	Ni
Chrom	Cr	Platin	Pt
Eisen (Ferrum)	Fe	Silber	Ag
Gold (Aurum)	Au	Zink	Zn
Kupfer (Cuprum)	Cu	Zinn	Sn

Diese chemischen Bezeichnungen der elementaren Metalle bilden die Grundlage aller Münzlegierungen und sind international bekannt.

*) Der Vollständigkeit halber sind bei den Metallen Gold, Silber und Kupfer noch die früher benutzten numismatischen Zeichen hinzugefügt, die heute kaum noch verwendet werden. Man findet diese Kürzungen allerdings noch in alten Katalogen und älterer Literatur. Chrom (Cr) wurde nicht in die Tabelle mit aufgenommen, weil es nur sehr selten als Legierungsbestandteil vorkommt.

LEGIERUNGEN – gebräuchliche Abkürzungen

Nickel – Clad – steel –	(Eisen-Crom) Fe Cr
Stainless-steel	(hochwertiger Eisenstahl)
Brass	(Messing, Cu – Zn)
Aluminium	Al
Billon	(Ag – Cu)
chrom-steel	(hochwertiges Eisen mit Chrom)
Tombak	(Cu-Zn 67 – 90 % Cu)
Kupfer – Nickel	Cu – Ni
Kupfer – Nickel – Silber, ähnlich Billon	Cu – Ni – Ag
Aluminium – Magnesium	Al – Mg
Eisen mit Nickelzusatz	Ni – Fe
Nickel mit Zinkzusatz	Ni – Zn
Bronze	(Cu – Zn)
Aluminiumbronze	(Cu – Al)
Messing und Tombak	(Cu – Zn)
Stahl	(Fe)
Chromstahl	(Fe – Cr)
rostfreier Stahl	(Fe – Cr – Ni)
Neusilber – Nickelmessing	(Cu – Zn – Ni)
Nickelbronze	(Cu – Sn – Zi)
Elektron antik	(Ag – Au)
Elektron neu	(Mg – Al)

Die gebräuchlichsten Münzmetallbezeichnungen aus den englischen Yeoman-Katalogen und die deutsche Bezeichnung

Acmonital	rostfreier Stahl (Chrom-Nickel-Stahl)
Aluminium Alloy	Aluminium-Legierung
Aluminium-Bronze	Aluminium-Kupfer-Zink-Legierung
Aluminium-Magnesium	härteres Aluminium (Elektron) Legierung aus Aluminium und Magnesium
Base Silver	Silberlegierung mit geringem Silberanteil
Billon	Silber mit Kupfer (Silberanteil gleichfalls gering)
Brass	Messing (Kupfer-Zink-Legierung)

Bronze	Kupfer-Zinn-Legierung
Bronze-Clad Steel	Stahl mit Bronze überzogen bzw. plattiert
Clad 40 % Silver	mit 40 % Silber überzogen bzw. plattiert
Chrom-Steel	rostfreier Stahl (Eisen mit Chrom)
Copper-Clad Aluminium	Aluminium mit Kupfer plattiert
Copper-Nickel	Kupfer-Nickel
Copper-Clad Steel	Stahl mit Kupfer plattiert bzw. überzogen
Copper-Nickel Clad Copper	Kupfer mit Kupfer-Nickel plattiert
Copper-Nickel-Clad-Steel	Stahl mit Kupfer-Nickel plattiert
Copper-Nickel-Zinc	Kupfer-Nickel-Zink (Nickelmessing), wird auch als Neusilber bezeichnet
German Silver	Neusilber (Cu – Zn – Ni)
Iron	Eisen
Nickel-Brass	Nickel mit Kupfer und Zink legiert
Nickel-Bronze	Nickel mit Kupfer und Zinn legiert
Nickel-Clad Steel	Stahl mit Nickel plattiert
Nickel-Silver	Nickel mit geringem Silberanteil legiert
Palladium	unedelstes Metall der Platingruppe, glänzt heller als Silber
Pure Nickel	reines Nickel
Stainless Steel	Chromstahl (Fe – Cr) oder rostfreier Stahl
Tin	reines Zinn
Tombak	Kupfer-Zink (hoher Cu-Anteil 67 – 90 %)
Various Metals	verschiedene Metalle bzw. nicht genau bestimmbare Legierung

Spannungsreihe der Metalle

Die Metalle werden in einer bestimmten Reihenfolge, der sogenannten SPANNUNGSREIHE DER METALLE, zusammengefaßt. Das wichtigste Prinzip dieser Zusammenfassung ist die verschiedene Oxydierbarkeit der Metalle.
Dabei versteht man unter der Oxydation eines Stoffes die Abgabe von Elektronen (kleinsten elektrisch negativ geladenen Körpern) an einen anderen Stoff. Rein äußerlich zeigt

sich dies oft in der Aufnahme von Sauerstoff oder Abgabe von Wasserstoff.
Der entgegengesetzte Vorgang ist die REDUKTION, also Elektronenaufnahme oder Sauerstoffabgabe oder Wasserstoffaufnahme. Diese Vorgänge sind von Bedeutung für den Münzsammler, da eine große Zahl der Münzmetalle gegenüber Sauerstoff und anderen oxydierenden Stoffen sehr empfindlich ist und allein durch Lufteinwirkung oxydieren kann. Reinigungsmethoden sind daher oft Reduktionsmethoden, mit denen die Oxydation wieder rückgängig gemacht werden soll. In der nun folgenden Spannungsreihe der Metalle sind diese nun nach ihrer Oxydierbarkeit geordnet. Aus ihrer Stellung ergeben sich dabei bestimmte Eigenschaften.

SPANNUNGSREIHE DER METALLE: (Von der Gesamtspannungsreihe sind nur die interessierenden Münzmetalle aufgeführt. H ist Wasserstoff.)

Al - Zn - Fe - Ni - Sn - Pb - H - Cu - Ag - Au - Pt

Diese Metalle sind von links nach rechts geordnet nach:

a) abnehmender Oxydierbarkeit, d. h. nach abnehmender Leichtigkeit, Elektronen abzugeben (Fe läßt sich leichter oxydieren als Ni etc. Au und Pt bilden überhaupt keine Oxyde mehr.);
b) abnehmender Reaktionsfähigkeit (links stehen die reaktionsfähigen, also leicht angreifbaren, unedlen Metalle, rechts die reaktionsträgen, schwer angreifbaren, edlen Metalle);
c) abnehmender Löslichkeit und Angreifbarkeit durch Säuren.

Metalle liegen in ihrer Gebrauchsform, z. B. in den Münzen, nicht in ihrer Reinform vor, da die reinen Metalle für den Gebrauch meist zu weich sind. Man nimmt daher Legierungen. Darunter versteht man Gemische aus zwei oder mehreren Metallen. Dadurch werden bestimmte wertvolle Eigenschaften des Stoffes erzeugt. So wird das relativ weiche Kupfer durch einen Zusatz von Zinn zur wesentlich härteren Bronze. Die meisten Münzlegierungen dienen zur Härtung der Grundmetalle. Die Legierungen müssen bei der Reinigung ebenfalls berücksichtigt werden, da die einzelnen Metalle separat auf die Behandlung reagieren können. (Legierungen sind keine einheitlichen Verbindungen, sondern Gemische.)

SILBERMÜNZEN

Die Gruppe dieser Münzen reicht über eine weite Skala von Münzgrößen (von der Kleinstmünze, z. B. 1 Kreuzer, 10 holl. cents über Taler, Doppeltaler bis zu den modernen Großmünzen, z. B. Bahamas 5 $, Durchmesser 45 mm). Das 5-Dollar-Stück der Bahama-Inseln galt Ende 1966 als größte Münze dieses Jahrhunderts (GN 4/1966, Seite 128). Heute, kaum 3 Jahre später, gibt es bereits Silbermünzen, die bis zu 60 mm Durchmesser haben und mehr als 100 g wiegen. Wir

wollen an dieser Stelle nicht untersuchen, ob man diese Gepräge noch in die Umlauf- oder Kursmünzen einreihen kann. Aber eine Größenskala von 14 mm bis 60 mm bedeutet schon eine beachtliche Toleranz, die bisher nicht einmal von den Goldmünzen erreicht wurde. Auch die Skala der Jahre, in denen wir diese Stücke antreffen, ist sehr weitgesteckt, denn bereits in der Antike findet man Silbermünzen (ca. 700 v. Chr.) und selbstverständlich findet man Silberprägungen auch in der modernen Epoche.

Es ist allgemein bekannt, daß es mit die schönsten Prägungen sind, die in den jeweiligen Zeitabschnitten als kostbare Silbermünzen anzutreffen sind. Viele Sammler begrenzen ihr Sammelgebiet ausschließlich auf Silbermünzen bestimmter Abschnitte und sie wissen sicher sehr einleuchtende Gründe hierfür zu nennen. Aber nicht nur in der Altersskala und in der Größenskala spielt das Silber eine dominierende Rolle, sondern wir treffen, vielleicht wegen der universellen Eigenschaften dieses Metalles, Silbermünzen in allen Prägetechniken an. Zum Beispiel als Klippen, Hohlpfennige, Drachmen

Silberbarren

und ihre Teilstücke wie auch Mehrfachwerte, Brakteaten, Ausbeutemünzen oder Kugelmünzen (Silbertikals aus Siam 1861–1868), ganz zu schweigen von den vielseitigen Medaillen-Prägungen, den Silberbarren in Thailand, China und Burma, den Siglos oder Schekel bzw. Sekel im Nahen und Mittleren Osten und den überall anzutreffenden Silberabschlägen höherwertiger Goldmünzen. Zu den interessantesten Geprägen gehören auch die Walzenprägungen des Mittelalters.

Aber meine Aufzählung wäre nicht vollständig, wenn man den Metallgehalt, oder besser die Zusammensetzung des Silbergehaltes dieser Münzen, nicht erwähnte, denn gerade für die Pflege, Behandlung und Erhaltung ist dieser von besonderer Bedeutung für den Sammler. Als ältestes Münzmetall kennen wir das Elektron, eine Mischung von Gold und Silber ohne eine genaue Bestimmung der Anteile (siehe Abschnitt »kleine Metallkunde«).

Für diese Betrachtungen sollen Untersuchungen antiker Legierungen nicht wesentlich sein. Wichtig erscheint mir jedoch die Feststellung, daß es gerade bei Silbermünzen, besonders in der Neuzeit, sehr weitgehende Abweichungen des Silbergehaltes und der anderen Metallbestandteile gibt. Hierzu einige Beispiele, die keinesfalls den Anspruch auf Vollständigkeit erheben:

a) Italien 500 Lire 1965 (Dante) Ag. 835 fein

b) Irland 10 Sh. 1966 Ag. 833,3 / Cu 166,6

c) Schweden 5 Kronen 1966 Ag. 400 / Cu 500 / Ni 50 / Zn 50

d) Südafrika 1 Rand 1965/66 Ag. 800

e) Australien 50 cts. 1965/66 Ag. 800 / Cu 200

f) Österreich 50 sh. 1966 Ag. 900 / Cu 100

g) Polen 100 Zloty 1966 Ag. 900 / Cu 100

h) Deutschland 5 DM 1966 (Leibniz) Ag.625 / Cu 375

i) DDR 10 MDN 1966 (Schinkel) Ag. 800 / Zn 200

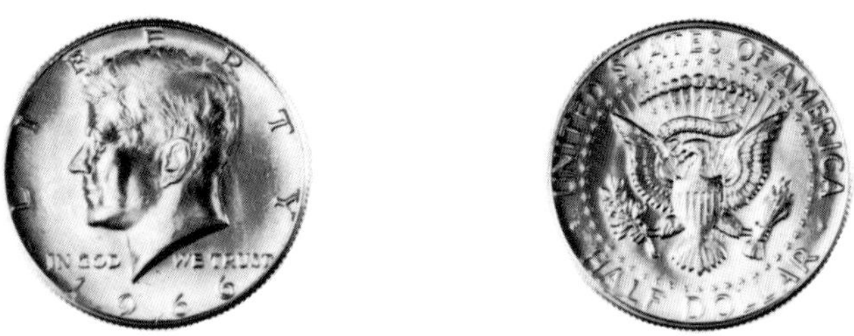

k) USA $^1/_2$ Dollar ab 1966 schichtweise Ag / Ni / Cu / Ni Ag. 400

l) Dänemark 10 Kronen 1967 Ag. 800 / Cu 200

m) Israel 5 Pfd. 1967 (Eilath) Ag. 900 /

o) Mexiko 25 Pes. Olympia 1968 Ag. 720 /

Die hier fehlenden Metallbestandteile waren seinerzeit nicht bekannt. Entnommen wurden diese Angaben den Geldgeschichtlichen Nachrichten, Jahrgänge 1966 bis 1968.
Wir sollten hieraus zunächst einmal erkennen, daß z. B. eine Silbermünze der Neuzeit niemals mit einer anderen unüberlegt und bedingungslos verglichen werden kann. Das gilt für den Härtegrad einer Münze (siehe Tabelle der Münzmetalle) genauso, wie für die Reinigung und Pflege eines Stückes. Dies sollte aber auch für die Beurteilung der Erhaltungsgrade sehr wichtig sein, denn obwohl alle Münzen »wie Silber« aussehen, trügt doch oft der Schein. Man kann z. B. nicht das unter c) genannte 5-Kronen-Stück aus Schweden, das zwar eine härtere Legierung besitzt, genauso behandeln wie die Israel-Münze m), denn letztere enthält genau 50 Teile mehr an Silber und ist dem Silbercharakter natürlich wesentlich näher, aber auch sehr viel »weicher«.
Was bedeutet diese Erkenntnis nun für die Pflege unserer Münzen? Gestatten Sie mir hierzu bitte eine weitschweifende und ausführliche Erklärung, die als Beispiel für vieles gelten soll und deren Erfahrungswerte dem Leser viele Erkenntnisse vermitteln. Zunächst einmal die Erkenntnis, daß viel Silbergehalt wenig Härte bedeutet. Bitte merken Sie sich, daß Sammlermünzen nicht mehr »klimpern« dürfen. Ich habe oft, besonders von jüngeren Sammlern moderner Münzen, die Bemerkung hören müssen, sie sammeln deshalb Münzen, weil man etwas »in der Hand hat« – einen Metallwert, den man nach Gewicht und Klang der Metallstücke einstufen kann. Spätestens jetzt möchte ich den immer gültigen Hinweis aussprechen, den sich jeder Münzsammler merken sollte: »Sammlermünzen klimpern nicht!« – das bedeutet ein für allemal und endgültig, daß jede, auch noch so geringwertige antike, neuere oder moderne Münze nicht mehr wie ein gewöhnliches Geldstück behandelt und deshalb auch keinesfalls mit anderen Münzen zusammen aufgehoben werden sollte. Machen Sie diese Erkenntnis bitte zu Ihrer eigenen und teilen Sie dies

auch allen Freunden mit, die Ihnen Münzen von fernen Ländern besorgen, damit es Ihnen nicht so ergeht wie mir, dem ein Freund eine seltene Kursmünze von einer Auslandsreise mitbrachte. Er besorgte diese Münze ohne besondere Schwierigkeit und bewahrte sie »in Gedanken an mich«, in seiner Geldbörse unter den anderen Münzen sorgfältig auf. Als wir uns nach 6 Monaten wieder begrüßten, übergab er mir stolz »meine lang ersehnte Münze« –leider so, wie ich sie eigentlich gar nicht sammeln wollte, denn sie war nach dieser Zeit in Gesellschaft anderer Kurantmünzen der Geldbörse kaum noch eine Sammlermünze.
Legierungsbestandteile der Silbermünzen sollten auch bekannt sein. Wenn man diese kennt, dann braucht man sich nicht zu wundern, wenn z. B. h) MDN 10 (DDR, Schinkel) nach Behandlung im Silbertauchbad dunkler erscheint als andere Silbermünzen. Der Eindruck dieses Stückes, der Glanz und die Oberfläche werden allein deshalb anders wirken, weil die Legierung von den üblichen Bestandteilen abweicht, denn der Zinkanteil ist mit 200 Teilen besonders hoch. Der erfahrene Sammler muß dies wissen, denn der Versuch einer Aufhellung durch Zitronensäure bzw. ein leichtes Bad in einer schwachen Lösung aus doppeltkohlensaurem Natron oder eine Behandlung im Silbertauchbad würde hier zu keinem dauerhaften Erfolg führen, im Gegenteil, mehrmalige Behandlungen mit diesen an sich harmlosen Mitteln würden vielleicht einen kurzfristigen Erfolg zeigen, aber auf die Dauer wären sie schädlich.
Das Ergebnis wäre statt Aufhellung ein weiteres Nachdunkeln des Münzmetalls. So problematisch kann also eine falsche Behandlung sein!
Nachdem ich einige Charakteristika der Silbermünzen erläutert habe, sollen nun die speziellen Pflege- und Reinigungsvorschläge folgen. Die allgemeine Vorbehandlung – dies sei hier noch einmal erwähnt – wird bei den einzelnen Metallen nicht mehr besprochen, es sei denn, daß die Vorbehandlung

für eine spezielle Legierung nachteilige Wirkungen hat. Gleichfalls wird die Nachbehandlung, das Trocknen und Konservieren bei allen Münzen allgemein gleich sein und bedarf in den einzelnen Abschnitten keiner besonderen Erwähnung mehr.

Reinigung und Behandlung der Silbermünzen nach Stufenplan:

a) Silbertauchbad

Nach der Vorbehandlung und einer guten Wässerung, die in dem betreffenden Abschnitt beschrieben ist, wird die Münze oberflächlich getrocknet und abgetupft (handtrocken). Mit einer »neutralen« Pinzette, möglichst mit Kunststoff beschichtet, wird die Silbermünze etwa 5 bis 30 Sekunden in handelsübliches Silbertauchbad (Sona oder Benkiser) eingetaucht und bewegt. 5 Sekunden bei stempelglänzenden Münzen und bis zu 20 Sekunden bei abgegriffenen Münzen, die im Umlauf waren und Schmutz angesetzt hatten. Achten Sie bitte besonders bei dunkel angelaufenen Münzen darauf, daß der Haltepunkt der Pinzette evtl. gewechselt wird, damit auch diese Stelle vom Tauchbad berührt wird. Sofort danach muß das Stück unter *fließendem* Wasser abgespült werden und sollte dann weiterhin noch mindestens 20 Minuten in einem Gefäß (Glas, Porzellan, Kunststoff, aber keinesfalls Metall) wässern. Wässern in stehendem Wasser ist ausreichend, aber besser ist es, wenn ständig frisches Wasser hinzufließt. Das Silbertauchbad sollte eigentlich immer und bei jeglicher Behandlung von Silbermünzen auch die Endstufe bilden. Gerüchte, daß diese Tauchbäder ein Silberstück angreifen oder abnutzen, entbehren jeder Grundlage, es sei denn, es handelt sich um Münzen aus Billon, versilberte Stücke oder um besondere Legierungen (siehe oben). Besonders hartnäckige dunkle Stellen kann man auch mit einem getränkten Wattebausch oder »Watteträger« (Begriff aus der Medizin, der weiter nichts besagen will, als daß man um die Spitze eines Holzstäbchens oder Zahnstochers etwas Watte wickelt) angehen, danach intensiv spülen. Hier ist jedoch bereits Vorsicht geboten, denn aus einem dunklen Fleck kann durch diese Behandlung ein heller Fleck werden, der genauso unschön ist. Es gibt auch sog. »Silbermilch« zum Auftragen, die Wirkung ist ähnlich, aber für unsere Zwecke ist unbedingt das Silbertauchbad vorzuziehen; zusätzlich Natron oder Hand-Abreibung. Manchmal entdeckt man nach dem Tauchbad zwischen den erhaben geprägten Zeichen oder in einer tiefen Rille noch dunkle Stellen. Durch ein Vergrößerungsglas muß festgestellt werden, ob es sich um Schmutz oder um eine dunkle Färbung der Metalloberfläche handelt. Schmutz wird mechanisch durch Reibung mit einem nicht kratzenden, spitzen Gegenstand (Holzzahnstocher oder Beinstichel) entfernt. Ist das Metall dunkler gefärbt, so kann der Fleck mit der Spitze eines Holzzahnstochers, der mit Silbertauchbad benetzt wurde, berieben werden. Nach Fleckenentfernung sofort gründlich wässern.

Die oben erwähnte »Endstufe« der Behandlung von Silbermünzen durch das Silbertauchbad kann aber, besonders bei älteren Münzen, die im Umlauf waren, manchmal unbefriedigende Ergebnisse zeigen, allerdings nur bei Umlaufmünzen, denn unbefriedigende Ergebnisse bei Stempelglanz müssen akzeptiert werden und lassen sich kaum verbessern, ohne den Erhaltungsgrad zu beeinträchtigen. Umgelaufene Stücke können nach dem Silbertauchbad in der Hand nochmals berieben werden (greift die Haut nicht an, gegebenenfalls dünne Plastik-Handschuhe benutzen). Durch dieses harmlose Reiben zwischen den Fingern wird ein evtl. anhaftender dunkler bzw. bräunlicher Film entfernt, der meistens ein dünner Öl- oder Fettfilm ist. Führt die einfache Handreibung immer noch nicht zum Erfolg, kann zusätzlich nach dem Silbertauchbad als Kontrastmittel Natronpulver verwendet werden, das Reinigungsergebnis ist oft verblüffend, aber eine Silbermünze wird danach unbedingt heller und sehr oft auch glänzender. Ob dieser Glanz erwünscht ist (bei uncirculated bestimmt nicht), hängt vom Erhaltungsgrad der betreffenden Münze ab.

b) Handhabung mit milder Laugewirkung

Ist eine Münze nach der Vorwäsche nicht genug gesäubert, so kann man das feuchte Stück in der Hand mit feinem doppeltkohlensauren Natrium oder Natron (2 Na HCO_3) bereiben.
Dieses Natron (auch als Magenpulver bekannt gegen Sodbrennen) ist so fein und löst sich bei Feuchtigkeit sofort auf, daß es keine Schäden oder Kratzer verursachen kann. Am besten eignet sich hierzu »Kaiser's Natron«, das besonders fein ist. Natürlich sollten von dieser Behandlung polierte Platten und möglichst auch stempelglänzende Stücke ausgeschlossen werden, da immerhin eine geringe, wenn auch fast unsichtbare Reibung stattfindet. Wenn bei stempelglänzenden Münzen überhaupt eine Behandlung mit der Hand erforderlich ist, dann wird bei diesem Erhaltungsgrad der Vorschlag unter d) empfohlen. Der gleiche Erfolg kann mit feinem Kochsalz (Na C_1) erreicht werden, jedoch sollte das Salz vorher angefeuchtet werden, der Reibungseffekt ist größer als bei Natron. Danach Spülung und Wässerung, dann wie a).

c) »Italienische Methode«

Genau wie die Laugenwirkung des Natrons kann auch eine Säurebehandlung erfolgreich sein. Man weiß ja niemals, aus welchen Bestandteilen sich Schmutz auf einer Münze zusammensetzt. Italienische Methode deshalb, weil man Silbermünzen einige Zeit in Zitronen stecken soll (10 Minuten bis zu 2 Stunden), die Säure frißt den Schmutz weg, hellt das Silber auf, greift es aber nicht an. Möchte man viele Stücke gleichzeitig reinigen, dann kann man die Geldstücke auch in den reinen Zitronensaft nebeneinander legen (aber bitte auf Legierungsbestandteile achten). Zur Not tut es auch synthetische

Zitronensäure oder sogar Essig, aber bitte keine Essig-Essenz! Auch hier das Abspülen danach nicht vergessen, dann weiter wie bei a).

d) Ajona-Methode

Was für die Reinigung der Zähne einschließlich des Zahnersatzes aus Gold und Silber gut sein dürfte, kann auch für Münzen nicht schädlich sein. Deshalb lassen sich dunkle Flekken oder Schmutz auch sehr gut mit »Ajona«-Zahnpasta entfernen. Entweder werden die Münzen mit der Zahnpasta und einer Zahnbürste regelrecht »geputzt«, oder mit der Hand geputzt, wobei hier eigentlich bei diesen feinen Konsistenzen von einer wirklichen Reibung oder einem »putzen« nicht gesprochen werden kann (trotzdem nichts für p.p. und vorsichtig bei stgl. und unc.).
Ajona-Zahnpasta enthält sehr viel Sauerstoff, hat feinsten Putzkörper, schäumt und riecht außerdem sehr angenehm. Ich möchte nicht ausschließen, daß auch andere Zahnpasten geeignet sind, aber an dieser Stelle gleichzeitig vor den sogenannten »Prothesenreinigern« wie Kukident, Kemdex usw. warnen. Besonders die Schnellreiniger dieser Art kann ich trotz Fernsehwerbung (Reinigung eines Kupferpfennigs) nicht empfehlen. Bei anderen Metallen sind sie erfolgreicher (siehe dort). – Danach spülen.

e) Kontrast-Behandlung (Säure-Lauge)

Gegensätze können erfolgreich sein. Letztlich bedeutet eine Wässerung oder Spülung nichts anderes, als daß durch eine konträre Einwirkung ein Vorgang neutralisiert oder gestoppt wird. So ist dies auch bei der »Kontrast-Behandlung«. Zunächst die mildeste: Münzen in Zitronen- oder Essigsäure legen (10 Minuten bis 1 Stunde), danach in den Handteller Natron schütten. Münze aus der Säure direkt darauf legen, es schäumt dann (wie bei Brause), und nun wird durch das Natron die Säure vertrieben bzw. neutralisiert und damit auch der Schmutz entfernt. Ein oft verblüffender Erfolg, wenn man danach das Wässern nicht vergißt.

f) Salmiakgeist oder Ammoniaklösungs-Verfahren (NH 4 OH)

Hier handelt es sich um eine Lauge, die in stärkerer Konzentration (ca. 30 %) in Apotheken verkauft wird und niemals unverdünnt mit einer Münze in Berührung kommen darf. Handelsüblich ist auch Salmiakgeist (meist 10 bis 12,5 %). Allgemein reicht Salmiakgeist für unsere Zwecke aus, denn auch dieser sollte noch mit 50 % Wasser für ein Reinigungsbad vermischt werden. Ein Vorrat in stärkerer Konzentration ist zwar rationeller (geringeres Volumen), aber man sollte hierbei unbedingt vorsichtig sein und bei einer Mischung mit Wasser das Verhältnis 1 zu 3 beachten. Jeder kennt den scharfen und beißenden Geruch, und besonders bei der starken Konzentration sollte beim Umfüllen nicht tief eingeatmet werden. Ein Salmiakbad greift Silber garantiert nicht an, löst aber gründlich alle Schmutzteile, besonders Grünspan, Eisenrost und Kupferoxyd. Dieses Bad wird oft von Juwelieren zur Reinigung von Gold- und Silberschmuck verwendet. Silbermünzen sollten etwa 30 Minuten bis höchstens 1 Stunde in dieses Bad gelegt und darin öfter gewendet werden.
Eine längere Verweildauer ist zwecklos, denn das Ammoniakgas entweicht dem Wasser, das Bad ist dann wirkungslos, evtl. sogar negativ, weil sich gelöste Schmutzteilchen wieder festsetzen können. Besser wäre bei hartnäckigem Schmutz ein zweites und drittes frisch angesetztes Bad. Danach eine längere Wässerung von einer Stunde, möglichst unter Frischwasserzufluß. In stehendes Wasser können einige Tropfen Essig oder wenige Körnchen synthetisches Zitronensäurepulver zur Neutralisation gegeben werden, dann aber vor dem Silbertauchbad nochmals ganz klar wässern, um das Gleichgewicht wiederherzustellen.

Bis hierher wäre zu den harmlosen Reinigungsmethoden, die jeder Laie anwenden kann, alles gesagt. Ich glaube es jedoch verantworten zu können, noch einen Schritt weiterzugehen, und möchte deshalb noch einige Hinweise für aussichtslose Fälle anschließen. Vielleicht hat keiner der obigen Ratschläge von a) bis f) zu einem befriedigenden Erfolg geführt oder der Sammler besitzt fast aussichtslos verdorbene Stücke (z. B. aus Ausgrabungen), an denen eigentlich nichts mehr zu verderben ist. Für diese Stücke nun noch weitergehende Ratschläge, die ich aber nur unter Vorbehalt und mit erhobenem Zeigefinger empfehlen kann:

g) Kontrast-Behandlung II

Zitronensäure gegen Natron ist verhältnismäßig harmlos und kann wenig Schaden anrichten, aber der Erfolg mag so manches Mal unbefriedigend sein. Ich erhielt vor einiger Zeit alte Silbermünzen, die über 300 Jahre alt waren, sie wurden bei einer Ausgrabung gefunden und waren kaum noch zu bestimmen. Nach erfolglosen Reinigungsversuchen schwankte mein Sammlerherz, entweder diese Stücke wegzuwerfen oder unbeachtet in die Ecke zu legen, denn ich mußte sie nicht nur als unansehnlich, sondern auch als verdorben und nicht sammelwürdig bezeichnen. Ein guter Freund empfahl und praktizierte dann eine ganz »brutale« Methode, die ich selbst ausprobiert habe. Ich legte die Münzen 5 bis höchstens 10 Minuten in Salzsäure 12 % (HCL), die Münzen liefen dunkel bis schwarz an und die Säure färbte sich gleichfalls dunkel. Dann entnahm ich die dunklen Stücke einzeln der Flüssigkeit und legte sie auf einen Teelöffelberg Natronpulver (Na HCO_3) in meine Hand. Mit sehr starkem Druck wurde jede einzelne Münze dann zwischen den Fingern beider Hände besonders unter Zuhilfenahme der Daumen intensiv mindestens 3 bis 5 Minuten berieben und bearbeitet.
Die schwarze Schicht ging sichtbar zurück, es zeigten sich völlig saubere, gut erkennbare und brauchbare Sammlermünzen.

Nach gründlicher Wässerung, Silbertauchbad und Zaponierung konnten hier nicht nur Werte erhalten, sondern alte Stücke als regeneriert und für den Sammler würdig restauriert betrachtet werden. – Ich möchte Ihnen hierzu noch verraten, daß diese Empfehlung in einem Wettbewerb unter Münzen-Sammlern den ersten Preis erhielt!
Andere ähnlich harte Methoden zu beschreiben, würde den Rahmen sprengen und vielleicht dem Zweck dieses Buches widersprechen. Aber vielleicht versuchen Sie es einmal selbst mit dem Kampf der Kontraste Säure gegen Lauge oder Lauge gegen Säure. Bitte denken Sie aber stets an die Grenzen und auch daran, daß so manche antike Münze aufgrund ihres Alters Fehler aufweisen darf. Vergessen Sie bitte dabei auch nicht, daß »Kratzer« in Münzen oder gefährliche Krater durch die »Erforschung der Wahrheit« besonders betont werden können. Alte und antike Münzen werden immer seltener und gehören zu den Raritäten, die niemals Versuchsobjekte sein dürfen!! – Bei der Arbeit mit Säuren, die oft verdünnt werden müssen, merken Sie sich bitte grundsätzlich den Ausspruch eines erfahrenen Berliner Sammlers: »Gießt Du Wasser in die Säure, dann passiert das Ungeheure!« Sehr banal, beinahe humoristisch, aber doch wichtig und einprägsam! Also bei einer Säureverdünnung niemals Wasser in konzentrierte Säure gießen, sondern umgekehrt, die Säure langsam in das Wasser gießen. – Das »Ungeheure« kann nämlich durch Säurespritzer einen verdorbenen Anzug oder Schlimmeres zur Folge haben. Ein Anzug ist aber meist mehr wert, als 3 gereinigte Silbermünzen. Von diesem Berliner Freund stammt auch diese allerletzte »kratzbürstige« Methode!

h) »Kratzbürsten«

Sehr problematisch, keinesfalls bei antiken Münzen oder Silbermünzen des Mittelalters anzuwenden, weil dieses Material zu weich ist. Im Goldschmiedehandwerk werden stumpfe Edelmetalle (Gold und Silber) mit ganz feinen und weichen Metallbürsten, die »Kratzbürsten« genannt werden, bearbeitet. Diese Bürsten bestehen aus feinstem Eisendraht oder Messingdraht (keinesfalls mit handelsüblichen Drahtbürsten verwechseln). Verdorbene und matte Silbermünzen können unter Wasser bei ständiger Drehung (damit kein »Strich« entsteht) mit einer Messingbürste bearbeitet werden. Versuchen Sie es bitte einmal bei einem normalen 5-DM-Stück, vielleicht ist das Ergebnis erfolgreich, aber beklagen Sie sich nicht, wenn es schief geht.

Abschließend ein Hinweis zu Säuren und chemischen Mitteln. Alle bisher genannten Säuren sollen grundsätzlich ausprobiert werden. Es gibt allerdings auch noch verschiedene andere Säuren oder Laugen, wie z. B. 20%ige Schwefelsäure (H_2SO_4) oder 10%ige Natronlauge bzw. Natriumhydroxid ($NaOH$). Erfahrungen mit diesen Mitteln liegen zwar vor, aber sie sind alle sehr aggressiv und die Erfolge manchmal keinesfalls besser, sondern unbefriedigend. Falls Sie Mut und Zeit haben, bitte probieren. Erfolgreiche Hinweise an den Verfasser werden gern entgegengenommen und vielleicht sogar getestet. Die wirklich letzte Behandlungsstufe, die Erhitzung einer Münze, die Arbeit mit dem Bunsenbrenner und das Ausglühen der Fremdstoffe will ich nicht erörtern, denn hier fängt die »Alchimistenküche« an und hört auch die Pflege der Münzen auf. Vielleicht behandeln unsere Urenkel später einmal den alten »Gutenberg« mit Bart auf diese Weise mit mehr oder weniger Erfolg.

Eingangs habe ich darauf hingewiesen, daß Münzen aus Silber die meiste Verbreitung besitzen und in vielseitigster Prägung anzutreffen sind. Deshalb habe ich bei diesem Metall auch die größte Skala der Reinigungsarten besprochen. Viele dieser Empfehlungen werden Sie auch bei anderen Metallen wiederfinden.

Eine der schönsten Goldmünzen unserer modernen Zeit: 20 Pesos Mexiko mit dem Azteken-Kalender und dem typischen Adler mit der Schlange, der fast alle Münzen Mexikos ziert.

GOLD- UND PLATINMÜNZEN

Die Gemeinschaft der Sammler, die sich ausschließlich für Platinmünzen interessiert, ist sicher sehr begrenzt. Platinmünzen sind so selten, daß sich hieraus kein spezielles Sammelgebiet ableiten läßt; deshalb sind diese echten und wertvollen Raritäten meist Randerscheinungen einzelner Gebiete. Wegen der Seltenheit erübrigt es sich, über die Pflege von Platinmünzen zu sprechen, außerdem handelt es sich hier ausschließlich um Einzelstücke in meist bester Erhaltung. Die Anzahl der bekannten Platinmünzen ist so gering, daß bei einer breiten Streuung nicht einmal jeder Sammler in Deutschland ein Stück besitzen könnte.
Etwas anders sieht es bei den Sammlern der Goldmünzen aus. Wenn sich ein Sammler ausschließlich für Goldmünzen inter-

essiert und diese Münzen nur isoliert sammelt, so liegt hier wohl in erster Linie der Gedanke einer Wertanlage nahe. Andererseits gibt es kaum eine fundiert aufgebaute Sammlung, in der nicht wenigstens einige Goldmünzen vorhanden sind, weil sie einfach dazugehören, die Sammlung illustrieren, Kontraste bilden und nicht zuletzt einen bestimmten Zeitabschnitt irgendeines Landes komplettieren können.
Die Goldmünzen der Antike zählen zu den teuersten Raritäten; hier gibt es kaum etwas zu verbessern oder zu reinigen, man sollte diese Stücke genauso, wie man sie erhält, seiner Sammlung hinzufügen. Eine Querschnittsammlung durch alle Jahrhunderte darf auch einige offizielle Nachprägungen enthalten, wie wir sie von einigen Ländern kennen, jedoch sollte ein echter Sammler private Nachprägungen grundsätzlich und nachdrücklich ablehnen, denn hier handelt es sich keinesfalls mehr um Münzen, sondern um Nachahmungen, die zu überhöhten Preisen verkauft werden und nur reinen Metallwert haben.

Viele Sammler möchten ihr Hobby auch äußerlich durch schmückende Goldmünzen dokumentieren, entweder als Anhänger einer Kette, eines Armbandes oder auch als Manschettenknopf. Münzsammler haben Verständnis dafür, man sollte diesen Schmuck keinesfalls als Kitsch bezeichnen, denn er dokumentiert die Leidenschaft zum Münzensammeln genauso, wie der Gamsbart oder die Hirschgrandel den leidenschaftlichen Jäger erkennen läßt. – Bitte verwenden Sie für diesen Schmuck aber keine alten oder ursprünglichen Goldmünzen. Es wäre allerdings genauso verkehrt, hier billige und meist sehr schlechte künstliche Gepräge zu verwenden, die es als Münzen gar nicht gibt. Für diesen Schmuck, also für Anhänger an Ketten, Armbänder oder attraktive und beachtenswerte Manschettenknöpfe, eignen sich sehr gut offizielle Nachprägungen von Goldmünzen, die bei jeder Bank zu relativ günstigen Preisen gekauft werden können.

Die offiziell in verschiedensten Größen nachgeprägten Münzen einzelner Länder sind jedoch immerhin so wertvoll, daß sie keinesfalls primitiv nur als Schmuck verarbeitet und dadurch zweckentfremdet und wertlos werden. Der Charakter einer Münze soll stets erhalten bleiben. Bitte lassen Sie deshalb jede Goldmünze so einfassen, daß die Münze stets zu erkennen ist und auch immer Münze bleibt. Ich meine damit, daß die Münze jederzeit aus einer Fassung entfernt werden kann, ohne daß Spuren zurückbleiben. Ein verlöten oder die Anbringung einer Öse (Henkelspur) macht jede Münze wertlos. Bitte haben Sie Verständnis dafür, daß ich in diesem Kapitel bisher noch nichts von der Reinigung und Pflege erwähnt habe. Aber Gold ist ein edles und auch widerstandsfähiges Metall, das eigentlich gar keiner Pflege bedarf; noch nicht einmal Zaponieren ist hier erforderlich, weil sich Gold eigentlich auch in Jahrhunderten kaum verändert. Genau wie Platin oxydiert es nicht und wird weder von der Luft, also vom Sauerstoff, noch von Säuren und nicht einmal von konzentrierter Schwefelsäure angegriffen. Gold ist nur in sogenanntem Königswasser löslich (1 Teil konzentrierte Salpetersäure zu 3 Teilen konzentrierte Salzsäure).
Sollten sich auf der Oberfläche einmal Schmutzreste abgesetzt haben, so können diese entweder durch Seifenlauge, durch Salmiakgeist oder durch Bürstenreinigung mit einer Mischung aus den beiden Mitteln zu gleichen Teilen entfernt werden. Denken Sie aber bitte immer daran, daß Gold ein weiches Metall ist und harte Gegenstände auf einer Münze sehr unschöne Kratzspuren hinterlassen.

Zwei Kupfermünzen aus der Neuzeit und der modernen Zeit: 1 Kreuzer 1861/Württemberg, 5 Centesimi/Italien 1921

MÜNZEN AUS KUPFER BZW. ROTMETALLEN

Der Zusatz Rotmetalle erscheint mir deshalb erforderlich, weil viele Legierungen, die sowohl weiß wie auch gelb aussehen können, oft Kupfer als Legierungsbestandteile enthalten. Auch Silber- und sogar Goldmünzen werden mit Kupfer legiert. Kupfer, besonders wenn es in seiner ursprünglichen rötlichen Färbung entweder blank oder schokoladenbraun, bei älteren Münzen vielleicht mit grüner Patina, in Erscheinung tritt, ist ein besonderes Metall, das stets mit einigem Respekt und mit Überlegung behandelt werden sollte.
Vielleicht erläutert ein einfaches Beispiel die Problematik der verschiedenen Cu-Legierungen. Machen Sie bitte den folgenden Versuch: legen Sie eine hellere Bronzemünze, die viel Cu-Anteile in der Legierung enthält (z. B. Cameroon 25 Francs 1958) in »entspanntes« Wasser, also in Seifenwasser oder in klares Wasser, in dem etwas Natronpulver aufgelöst wurde. Wenn Sie nun eine oder mehrere reine Kupfermünzen dazu legen, dann wird die Messing- oder Bronzemünze, ohne die anderen Münzen zu berühren, nach kurzer Zeit die Färbung der Kupfermünzen angenommen haben, sie ist nicht mehr hellgelb, sondern gelblich-rötlich.
Die gleiche Erfahrung in anderer Richtung können Sie machen, wenn Sie neben gelb-rötliche Messing- oder Bronzemünzen in entspanntes Wasser Silbermünzen legen; die etwas

dunklen Messingmünzen hellen auf und nehmen eine Färbung in Richtung der hellen Silbermünze an. Ob Wasser leitet oder wann es entspannt ist, läßt sich meist nicht feststellen, weil Bestandteile der Luft, des Glasbehälters oder dem Metall anhaftende Teile die neutrale Flüssigkeit Wasser sehr leicht beeinflussen können; ein weiterer Grund dafür, daß man keinesfalls Münzen verschiedener Metalle oder Legierungen gemeinsam in ein auch noch so neutrales Bad legen darf. Auch hierzu gibt uns das Kapitel »Kleine Metallkunde« wertvolle Hinweise.

Das Cu-Metall ist meist dominierend und beeinflußt das Aussehen von Münzen, die Cu als wesentlichen Legierungsbestandteil enthalten. Kupfer-Nickelmünzen, die viel Cu-Legierungsbestandteile enthalten, verändern ihre Oberfläche und zeigen bei falscher, besonders bei gemischter Reinigung mit Cu-Münzen sehr oft einen stumpfen Belag auf der Oberfläche. Bronzemünzen sollten stets gelb bzw. messingfarben aussehen. Ist die Färbung rötlich, so sind diese Stücke falsch behandelt worden.

Kupfer wurde bereits in der Münztechnik des Altertums verwendet. Die nachstehende Tabelle nennt geschichtlich bedeutsame Münzen auf Kupferbasis. Die zugesetzten Legierungselemente verhindern den Verschleiß und erhöhen die Korrosionsbeständigkeit.

Münzmetalle bzw. Legierungen			in %			
für Scheidemünzen[1])	Cu	Sn	Zn	Pb	Ni	Fe
Altattische Münze	88,5	10,0	—	1,5	—	—
Münze Alexanders des Großen	86,8	10,3	—	2,3	—	—
Münze des Hiero I. v. Syrakus	94,2	5,5	—	—	—	0,3
Münze Philipps v. Mazedonien	85,1	11,1	—	2,8	—	0,4
Röm. As (500 v. Chr., eisengrau)	69,7	7,2	—	21,8	—	0,5
Münze des Kaisers Augustus	79,2	—	20,7	—	—	—
Münze des Kaisers Tiberius	72,2	—	27,7	—	—	—
Münze des Kaisers Claudius	77,8	—	22,0	—	—	—

[1]) Auszugsweise nach Ledebur Bauer: »Die Legierungen in ihrer Anwendung für gewerbliche Zwecke.« Verlag M. Krayn, Berlin.

		in %				
Münze des Kaisers Nero	81,1	1,1	17,8	—	—	—
Münze des Kaisers Trajan	88,6	1,8	7,6	2,2	—	0,3
Münze des Kaisers Domitian	98,9	1,1	—	—	—	—
Münze des Kaisers Comodus	88,1	4,7	—	7,2	—	—
Münze des Kaisers Gordian	80,0	9,1	—	10,9	—	—
Münze des Kaisers Diocletian	95,8	2,2	—	1,9	—	—
Nordamerikanische Nickelmünze (vor 1866)	88,0	—	—	—	12,0	—
Chilenische Münze	70,0	—	10,0	—	20,0	—

In der heutigen Münztechnik findet unlegiertes Kupfer fast ausschließlich nur als Plattierwerkstoff Anwendung. Massiv kupferne Münzen werden wegen der niedrigen Härte (45 kg/mm^2) und der damit verbundenen geringen Verschleißfestigkeit nur wenig verwendet. Kupferlegierungen stellen dagegen nicht zuletzt auch wegen ihrer guten Prägbarkeit den Großteil der Münzwerkstoffe.
Entnommen dem Buch »Werkstoffe für Münzen« der vereinigten Deutschen Metallwerke AG, Altena/Westf.

Die Reinigung von »reinen« Kupfermünzen (d. h. von rötlich aussehenden Münzen) ist sehr umständlich und manchmal sogar kompliziert. Mein Stufenplan beginnt mit einer modernen Münze aus Cu oder mit einer Cu- plattierten Münze, wie wir sie heute oft antreffen. Wir nehmen an, die Cu-Münze (z. B. 2 Pf Bundesrepublik 1967 reine Cu-Legierung, ab Ende 1968 bzw. 1969 Cu-plattiert auf Eisenkern) zeigt geringe Gebrauchsspuren oder dunkle Stellen durch Fingerabdrücke und soll mit dem Erhaltungsgrad Stgl. der Sammlung eingeordnet werden. Dies ist hier nur durch ein kurzes Silbertauchbad zu erreichen. Nach der Spülung in reichlichem Wasserbad und guter Trocknung muß die Münze sofort zaponiert werden, sonst kann die Oberfläche stumpf werden.
Ältere Cu-Münzen sehen meist schokoladenbraun aus, und oft ist dieses Aussehen nicht nur erwünscht, sondern auch deshalb begehrt, weil eine Cu-Münze nach ca. 30 bis 40 Jahren kaum noch glänzen kann. Manchmal erwerben wir Cu-Münzen, die zwar eine gute Farbe entsprechend ihres Alters be-

sitzen, aber leider sehr verschmutzt sind. Bitte vermeiden Sie bei der Reinigung dieser Stücke unbedingt das Silbertauchbad und das Bad in verdünntem Salmiakgeist. Alte Cu-Münzen dürfen nur in reiner Seifenlauge gewaschen oder gebürstet werden. Ich empfehle eine Lösung des Schmutzes in reiner Seifenlauge ohne Salmiakgeist und ohne chemische Zusätze. Scharfe Bürstenbehandlung wäre falsch, besser eine gute Waschung mit einer ganz weichen Bürste, die nicht kratzt.

Alte Cu-Münzen oder Münzen aus der Antike dürfen niemals mit Säuren in Berührung kommen, weil die Säurebehandlung nicht nur die schokoladenbraune Oberfläche beschädigt, sondern auch grüne Patina angreift, die auf antiken Cu-Münzen oft vorhanden ist und einen natürlichen Schutz bildet.

Cu-Münzen jeden Alters sind im gereinigten Zustand oder während des Reinigungsprozesses stets sehr empfindlich. Flecke auf Cu-Münzen können sowohl durch Handberührung wie auch durch Auflegen auf rohes Holz entstehen. Behandlungspausen sind nicht zu empfehlen, ein Arbeitsgang muß sich an den nächsten anschließen.

Bitte merken Sie sich, daß Cu-Münzen stets vorsichtiger behandelt und gereinigt werden müssen als Münzen aus anderen Metallen. Säuren und besonders das »Silbertauchbad«, welches ähnlich wie Säure reagiert, ist nur für stgl. Münzen zu empfehlen.

Schmutzentfernung bei Cu-Münzen ist nur durch ganz reine Seifenbäder möglich, die möglichst dünn mit viel Wasser angesetzt werden müssen. Oft hilft auch eine warme verdünnte Sodalösung, also Natriumcarbonat ($Na_2\ CO_3$). Behandlung mit käuflicher sogeannter »Kupfermilch« ist keinesfalls zu empfehlen, weil diese kaum reinigt, sondern das Metall nur aufhellt und für kurze Zeit blank glänzen läßt.

Dem Sammler werden ältere Cu-Münzen leider sehr oft zu hell und mit falschem Glanz angeboten. Auf diesen Fehler, der zweifellos eine Wertminderung bedeutet, muß der Anbieter schon deshalb hingewiesen werden, damit er andere Münzen nicht auch so schädlich oder wertmindernd behandelt. Alte Cu-Münzen dürfen weder hell noch glänzend sein, sondern die saubere Oberfläche muß schokoladenbraun aussehen. Unbeschädigte Cu-Münzen, die trotzdem glänzen, kann man evtl. in verhältnismäßig kurzer Zeit in einen sammelwürdigen Zustand zurückverwandeln. Die verhältnismäßig kurze Zeit dauert aber fast immer 6 bis 12 Monate, denn nur durch »natürliche« Alterung kann eine blanke oder geputzte Cu-Münze wieder in den ursprünglichen und sammelwürdigen Zustand versetzt werden. Chemische Behandlung wäre völlig fehl am Platz und ist schädlich für das Aussehen und den weiteren Erhaltungsgrad einer stets interessanten und oft wertvollen Cu-Münze. Wenn eine blanke Cu-Münze eine dunkelbraune Farbe erhalten soll, die dem Alter dieser Münze entspricht, muß man Mittel anwenden, die keine Veränderung des Münzcharakters erzielen, jedoch positiv auf den Erhaltungsgrad im Sinne der Pflege einwirken. Blanke Cu-Münzen können im Freien oder auf dem Balkon 12 Monate, also ein ganzes Jahr, der natürlichen Witterung ausgesetzt werden, das Ergebnis ist eine gleichmäßige Nachdunklung. Auf dem Lande kann man Cu-Münzen im Kuhstall aufbewahren, die Nachdunklung erfolgt bei dieser Behandlung schneller, aber es kann sich hierbei falscher Grünspan (Patina) bilden, der das Metall angreift; der augenblicklich sichtbare Erfolg dient hier keinesfalls der Werterhaltung. Wenn helle oder blanke Cu-Münzen in der Wohnung braun werden sollen, dann legen Sie diese bitte in leere Streichholzschachteln. Früher waren dies Holzschachteln, heute werden sie leider nur noch aus Pappe hergestellt. Der Nachteil der Pappschachteln wird dadurch ausgeglichen, indem wir zu den Münzen in die Streichholzschachtel zwei oder drei unbenutzte Zündhölzer legen, durch den Holz-Phosphoranteil färben sich helle Cu-Münzen in etwa 6 Monaten gleichmäßig braun.

Moderne Münzen aus Aluminium-Bronze:
Frankreich 5 Centimes, Spanien 1 Peseta.

GELBMETALLE

Messing, Bronze oder Tombak

In dem Abschnitt Metallkunde kann man nachlesen, daß Messing, Bronze und Tombak eigentlich gleichartige oder zumindest sehr ähnliche Legierungen sind, denn sie bestehen alle überwiegend aus Kupfer und Zink. Auch die englische Bezeichnung Brass kann sowohl mit Bronze wie auch mit Messing übersetzt werden, schließlich rechnet zu den Gelbmetallen auch die neue Legierung Aluminiumbronze, die aus Cu und Al besteht, manchmal befindet sich noch etwas Magnesium in dieser Legierung, die wie Messing aussieht, vielleicht etwas heller ist und durch den Al-Zusatz selbstverständlich ein leichteres Gewicht hat. Daß ich nun nicht alle gelblich aussehenden Münzen in einen Topf werfe, hat natürlich eine sehr handfeste Begründung. Sie können sich bestimmt vorstellen, daß bei diesen verschiedenen Legierungen auch verschiedene Gewichtsverhältnisse bei gleichem Volumen entstehen. Die unterschiedlichen Eigengewichte sollten uns für die Reinigung und Pflege weniger interessieren, denn Gewichtsdifferenzen sind meist aus währungstechnischen Gründen erforderlich. Trotzdem scheint es interessant zu sein, diesen Komplex der unterschiedlichen Legierungsbestandteile im

Hinblick auf das Gewicht der einzelnen Münzen kurz zu streifen. Es kommt oft vor, daß Münzen verschiedener Länder sowohl gleiche Abmessungen wie auch gleiche oder zumindest ähnliche Farben haben. Bestimmt haben aber gleich große Geldstücke der Kurant-Währungen verschiedener Länder unterschiedliche Kaufkraft oder sehr große Wertabweichungen. Hauptsächlich aus diesem Grund wählt man dann unterschiedliche Legierungen, damit sich die Gewichte gleich großer Geldstücke unterscheiden. Münzen werden immer häufiger für Automaten benutzt, die überwiegend eine Gewichtsprüfung der eingeworfenen Münzen besitzen. Durch das unterschiedliche Gewicht gleich großer Münzen verschiedener Währungen und Werte schützt man sich vor Automatenmißbrauch durch geringwertigere Geldstücke fremder Währungen.

Ein weiterer Grund für verschiedene Legierungsbestandteile ist natürlich auch in den Herstellungskosten zu sehen, vor allem hängt damit auch unmittelbar die Beschaffung der Rohstoffe bzw. der Basismetalle zusammen, auch das ist eine wichtige Kostenfrage, die wiederum eng mit der Währungspolitik zusammenhängt. Aber auch diese Gründe berühren unsere Pflege- und Reinigungsinteressen nicht.

Im Abschnitt Metallkunde haben wir erfahren, daß die Härte einer Münzlegierung wesentlich von den Metallanteilen abhängt und die unterschiedliche Härte ist bereits ein wesentliches Kriterium bei der Reinigung von Münzen.

Sehr aufmerksam müssen allerdings die Legierungsbestandteile beachtet werden. Es genügt nicht zu wissen, daß man verschiedene Metalle nicht in ein gemeinsames Gefäß legen darf (siehe Grundregeln), sondern man sollte möglichst auch gleichfarbige Münzen mit unterschiedlichen Legierungsbestandteilen getrennt behandeln. Man muß nicht unbedingt so pedantisch sein, darf sich dann allerdings nicht wundern, wenn Farbveränderungen nach hell oder dunkel, braun, rötlich oder silbrig auftreten. Obwohl ich als Anfänger bereits wußte, daß jede Metallart für sich behandelt werden sollte, wunderte ich mich bei Münzen aus gelben Metallen, die ich alle in das gleiche Bad legte, daß diese nach erfolgreicher Reinigung im anschließenden Wasser-Spülbad plötzlich Verfärbungen zeigten; manchmal veränderten sich nur Teile einer Münze, ein anderes Mal hatten die Münzen ihre natürliche bzw. richtige Farbe verloren. Man kann allerdings hier den Fehler durch ein Silbertauchbad wieder korrigieren, aber das Silbertauchbad hellt meist etwas auf, und wenn ein Stück, das dunkel aussehen muß, durch ein gemischtes Bad heller geworden ist, dann kann auch das Silbertauchbad nicht mehr helfen. Der Vorgang dieser Veränderungen ist ähnlich dem, der bei Cu-Münzen beschrieben ist. Eine Korrektur zum dunkleren Ton kann vielleicht auch durch eine Aufbewahrung in der Streichholzschachtel erreicht werden, aber wer möchte schon eine Münze, die endlich erworben wurde und nun auch sauber ist, einer weiteren Zwischenbehandlung unterziehen, sie fehlt ja dann leider immer noch in der Sammlung.

Zu meiner Entschuldigung, – bzw. zur Vorbeugung gegen den Eindruck, daß ich ein Pedant oder Haarspalter bin –, möchte ich jetzt erklären, daß ich alles andere als pedantisch bin. Leute, die mich kennen, wissen das. Nur muß ich dies schon deshalb erwähnen, um andererseits nicht in den Verruf zu kommen, daß meine Empfehlungen nicht stimmen können oder gar falsch sind.

Wenn Sie jede Münze einzeln behandeln, dann wird eine Münze aus Aluminium-Bronze genauso sauber wie eine andere aus Messing oder Tombak mit höherem Cu-Anteil. Aber bei Massenreinigungen und Einweich-Bädern über eine längere Zeit muß man eben vorsichtig sein. – Selbstverständlich ist es für einen Münzsammler unmöglich, bei jeder Münze vor einer Reinigung die Legierungsbestandteile zu analysieren. Es genügt meist schon, wenn man aus dem Katalog die Legierung abliest, dabei ergibt sich sehr oft eine Gleichheit

vieler Münzen, die dann unbedenklich gleichzeitig bearbeitet werden können.
Nun zur eigentlichen Reinigung. Nach der für alle Münzen gleichen Vorwäsche (siehe dort) sollte eine Münze aus unedlem Gelbmetall so sauber sein, daß man diese im Anschluß an die Nachbehandlung und das gründliche Trocknen sofort zaponieren kann.
Ist der Reinigungserfolg nach gründlicher Vorwäsche und Silbertauchbad nicht zufriedenstellend, dann folgt die zweite Stufe. Ein ähnliches Wundermittel wie Silbertauchbad ist »Greenwater«, allerdings nicht ganz so harmlos wie grünes Wasser. Ich vermute, daß es auf der Basis von Eisenentrostungsmitteln hergestellt wird, vielleicht mit einer besonderen Eignung für die Münzbehandlung. In »Greenwater« (Lieferung durch Firma Schoenawa, 3342 Werlaburgdorf, Ostlandstr. 12) darf die Münze höchstens 30 Sekunden liegen, danach gut spülen und evtl. mit Natronpulver abreiben. Wenn dann noch kein Erfolg zu sehen ist, erneut das Silbertauchbad versuchen.
Die nächste Stufe der Reinigungsbehandlung ist die Bearbeitung mit der bereits erwähnten ganz feinen Messing-Kratzbürste, 0,08 mm Drahtstärke. Hiermit dürfen nur umgelaufene, gebrauchte Münzen bearbeitet werden. Die Münze wird unter fließendem Wasser in der Hand gehalten und mit der Kratzbürste, die garantiert weicher als jede Legierung ist, leicht gebürstet. Damit kein Strich entsteht, sollte man die Münze ständig drehen, *nochmals:* nicht empfehlenswert bei Stgl., unc. und besseren Erhaltungsgraden!!
Die letzte Stufe, wenn immer noch kein Erfolg erzielt wurde, wäre das etwa 5 Minuten lange Einlegen in 10 %ige Natronlauge (Natriumhydroxyd Na OH), evtl. 1:1 mit Wasser verdünnen (Säure in Wasser gießen). Danach ist die Münze fast schwarz, aber sauber, im Silbertauchbad wird sie wieder hell und gegebenenfalls noch heller nach anschließender Abreibung mit Natronpulver.

Abschließend erfolgt die Nachbehandlung, das Wässern, Trocknen und Zaponieren.
Es war sicher wichtig, besonders bei den unedlen gelben Metallen, verschiedene Erläuterungen hinzuzufügen. Meistens wird es sich bei Münzen dieser Art um neuere oder moderne Münzen handeln, aber nicht selten liegen hier auch Münzen des Mittelalters vor oder deren Nebenerscheinungen, wie Jetons, Marken oder Rechenpfennige. Mittelalterliche Stücke sollten zwar sauber sein, aber nicht unbedingt hell oder glänzend. Die Schönheit dieser Stücke wird durch Glanz nicht gerade unterstrichen, also bedenken Sie bitte, daß man niemals bis an die äußerste Grenze gehen sollte. Für Münzen der Antike gilt das alles sowieso nicht, hierzu werden im Abschnitt »Antike Münzen« besondere Hinweise gegeben.
Sollten Sie allerdings einmal mit dem hellen Glanz zu weit gegangen sein, so versuchen Sie es bitte mit dem Metalldunkler »Oxydal«, den die Firma Helmut Friedle, 71 Heilbronn, Fr.-Dürr-Straße 103, liefert.

Deutschland 10 Pfg. 1915 Cu-Nickel,
Italien 50 Lire 1956-rostfreier Stahl.

NICKELMÜNZEN, STAHL, WEISSE METALLE

Äußerlich sehen Münzen aus diesen Metallen oft ähnlich aus. Die Weiterbehandlung nach der ersten Reinigung kann gleichfalls ähnlich sein, aber die Altersspuren auf diesen Metallen sind doch so unterschiedlich, daß wir auch diese Münzen verschieden pflegen und bearbeiten müssen.

Frankreich 1 Centime 1965, rostfreier Stahl,
Spanien 50 Centimos 1965, Cu-Nickel.

Chromstahl: Ein noch junger Münzwerkstoff ist der rostfreie Stahl, Träger der Korrosionsbeständigkeit ist in allen Fällen das Chrom. Dem Eisen zulegiert, schützt es dies bei einem

Schweden 25 Öre 1967, Nickel,
Großbritannien 5 new-pence, Cu/Ni 1968.

Anteil von über 15 % gegen schädliche Umwelteinflüsse. Die Korrosionsbeständigkeit kann durch Zusatz von Nickel noch verbessert werden. Münzen aus diesem Material sind zu allen vergleichbaren Stücken aus unedlem Metall am widerstandsfähigsten und fast unempfindlich. Schmutz haftet kaum auf der harten und glatten Oberfläche und Kratzspuren sind auch bei Umlaufmünzen kaum feststellbar.
Die äußerste Verschleißfestigkeit und besondere Härte (besonders bei Chrom-Nickel-Stahl) hat allerdings den Nachteil, daß trotz äußerster Beanspruchung der Prägewerkzeuge die Reliefs auf den Stahlmünzen recht flach erscheinen (z. B. Türkei 2 1/2 Lira, Italien 100 Lire). Wegen der glasharten Oberfläche gibt es hier eigentlich keine Reinigungsprobleme und sogar die Konservierung durch Münzlack sollte hier unterbleiben. Der Lack haftet nicht gut auf der harten Oberfläche, sondern blättert später oft ab.

Nickel: Zur Gruppe der Nickelmünzen werden meist alle Prägungen gerechnet, deren Metallgehalt überwiegend aus Nickel bestehen. Der Sammler sollte aber auch hier unbedingt die Unterschiede zwischen reinen Nickelmünzen und Nickellegierungen kennen. Etwa im Jahre 1880 wurden in der Schweiz die ersten Münzen aus reinem Nickel geprägt. Nickel ist ferromagnetisch und dadurch leicht von Kupfer-Nickel-

Legierungen gleichen Aussehens zu trennen. Die Reinigung von reinen Nickelmünzen ist fast genauso problemlos wie die Pflege der Stahlmünzen. Da die Härte etwas geringer ist, sind die Reliefs auf den Nickelmünzen viel schärfer in den Konturen, der Glanz ist strahlender bei fast gleicher Verschleißfestigkeit wie Chrom-Stahl. Metallveränderungen durch Oberflächenkorrosionen sind kaum feststellbar, der anhaftende Schmutz läßt sich sehr gut mit allen Methoden der allgemeinen Reinigungshinweise entfernen, das Metall ist weniger empfindlich.
Fingerspuren und matte Stellen auf sonst glatten Oberflächen werden im Silbertauchbad entfernt, das auch den matten Glanz stempelglänzender Münzen wieder herstellt. Zaponieren wird empfohlen, obwohl es wegen der unempfindlichen Oberfläche nicht unbedingt notwendig ist.

Kupfernickel: Die am häufigsten vorkommende Kupfer-Nikkel-Legierung besteht aus 75 % Cu und 25 % Ni, allerdings werden Münzmetalle auch mit geringen Zusätzen von Silber und Zink versehen. Legierung und Verschleißfestigkeit dieser Metalle sind wiederum etwas weicher und weniger hart als die der reinen Nickelmünzen. Bei der Säuberung sollte man hier die Legierungsbestandteile berücksichtigen und getrennte Reinigungsgefäße benutzen. Die Farbe dieses Metalles ist hellweiß, also heller als reines Nickel, fast dem Silber ähnlich.
Reinigung in reinen Seifenlaugen, evtl. mit etwas Zusatz von Salmiakgeist. Nach dem Wässern kurzes Eintauchen in Silbertauchbad, das dunkle Münzen aufhellt. Konservierung mit Münzlack ist bei diesen Münzen unbedingt zu empfehlen. Neusilber und Billon gehören ebenfalls in dieses Kapitel. Billon ist mit geringem Silberanteil legiertes Kupfer und sieht dem Silber ähnlich. Münzen aus Billon haben eine empfindliche Oberfläche, die bei länger im Umlauf gewesenen Münzen abgegriffen aussieht, an den erhabenen Konturen sehen

diese Münzen gelblich aus, die Cu-Ag-Legierung ist abgenutzt. Diese abgegriffenen Stellen sind weder durch Reinigungsmittel noch durch Silbertauchbäder zu entfernen. Schmutz muß in Seifenbädern ohne scharfe Zusätze entfernt werden, die abgegriffenen Konturen sehen zwar nicht schön aus, müssen aber in Kauf genommen werden. Manchmal wird empfohlen, diese abgegriffenen Münzen zu versilbern, hiervon möchte ich jedoch dringend abraten, denn dieser Eingriff würde eine unerlaubte Veränderung der Münze bedeuten und der Material- bzw. Metallcharakter würde dadurch von den üblichen Billon-Münzen abweichen. Es ist unbedingt erforderlich, die gereinigte Billon-Münze zu zaponieren.
Neusilber hat einen ähnlichen Charakter wie Cu-Ni-Münzen, durch einen Zink-Zusatz wirkt es noch heller und sieht dem Silbermetall dadurch noch ähnlicher. Behandlung genau wie Cu-Nickel Münzen.

EISENMÜNZEN

Die fachliche Bezeichnung wäre hierfür: niedriggekohlter, unplattierter Stahl. Eisenmünzen wurden meist in Zeiten der Metallverknappung hergestellt (Notgeld, Kriegsgeld), sie wurden zwar wegen der Rostgefahr besonders oberflächenbehandelt, aber diese Verfahren gewährten keinen Korrosionsschutz von Dauer. Eisenmünzen, die wir heute erhalten, besonders Notmünzen, zeigen meistens Rostansatz, leider auch sehr oft Rostnarben. Die Farbe der Eisenmünzen kann sowohl hell wie auch dunkel sein, selbstverständlich darf man aus dunklen Eisenmünzen keine hellen machen oder umgekehrt; aber Rostansatz muß in jedem Fall gründlich und rückstandslos entfernt werden, auch wenn darunter Rostnarben zum Vorschein kommen. Rückstände an Eisenrost fressen auch unter einer Konservierungsschicht rücksichtslos weiter und stecken andere Eisenmünzen an.

Zunächst sollten Eisenmünzen im warmen Seifenbad mit Salmiakgeistzusatz gut eingeweicht werden. Nach Bürstenreinigung erneutes Einlegen in »IMI-flüssig« 1:3 und dann Abbürsten mit Waschpulver. Jetzt können wir bereits erkennen, ob der Rost die Münze angegriffen hat und sich Rostnarben zeigen. Da Säuren Eisen angreifen, möchte ich kurze Bäder in verdünnter Schwefel- oder Salzsäure nicht unbedingt empfehlen, obwohl ein experimentierfreudiger Sammler hier durchaus Erfolg haben könnte, besonders bei Stücken, an denen eigentlich nicht mehr viel verdorben werden kann. Danach müssen die Münzen jedoch gut neutralisiert werden, entweder mit 6%iger Salmiakgeistlösung (Salmiakgeist und Wasser 1:1 verdünnen) oder durch Abreiben mit Natronpulver. Hierbei kann es jedoch vorkommen, daß dunkle Eisenmünzen hell werden.

Während die Reinigung der Oberfläche von Eisenmünzen relativ einfach ist, muß der viel härtere Kampf gegen den Rost mit aller Energie bis zur Beseitigung der letzten Spur durchgeführt werden. Hier gibt es eigentlich nur zwei Alternativen, nämlich: eine verdorbene Münze wegzuwerfen oder eine völlig rostfreie – wenn auch mit Rostnarben versehene – Münze gut konserviert in die Sammlung zu legen.

Besser als jede Säurebehandlung sind die handelsüblichen Eisenentrostungsmittel, auf die Sie jedoch verzichten können, wenn sie »Greenwater« (siehe Gelbmetalle) benutzen. Nach der Behandlung mit Greenwater werden die Münzen zunächst mit Natronwasser (1 Teelöffel Natronpulver auf 1 Glas Wasser) abgebürstet, danach klar gespült. Anschließend bür-

stet man die Eisenmünzen unter fließendem Wasser mit einer Neusilberkratzbürste (Münze ständig drehen).
Jetzt erkennen wir den wahren Zustand der Münze, die frei von Rost ist, aber leider meist Narben hat, die nicht zu entfernen sind. Saubere Eisenmünzen müssen unbedingt sofort nach dem Trocknen konserviert werden. Der Münzlack darf hier ausnahmsweise dick, sogar doppelt aufgetragen werden.

Besonderheiten: Die ab 1915 geprägten Eisenmünzen des Deutschen Reiches wurden mit Zinkstaub durch »Sherardisieren« überzogen (lt. Jaeger-Katalog). Diese Beschichtung hat die Oxydation des Eisenkernes bis zu einem gewissen Grad erfolgreich verhindert. Eisenmünzen, die durch so eine Schicht grau aussehen (und natürlich magnetisch sein müssen), dürfen nur vorsichtig vom Oberflächenschmutz gereinigt werden. Falls die Beschichtung durch scharfe Lösungen, Säuren oder Bürsten angegriffen oder gar entfernt wird, entspricht eine so behandelte Münze nicht mehr dem Originalstück und kann dadurch fast wertlos sein.

ALUMINIUMMÜNZEN

Bitte erwerben Sie nur stempelglänzende Aluminium-Münzen und konservieren Sie diese Münzen möglichst sofort nach Erhalt, das ist meine erste und beste Empfehlung für Münzen dieses leichten, aber sehr schwer zu behandelnden Materials. Heben Sie bitte Münzen aus Leichtmetall (Aluminium oder Aluminium-Magnesium), die auf Reisen in Stgl. erworben werden (z. B. Österreich – 2 Groschen – oder Griechenland – 5, 10, 20 Lepta –), besonders sorgfältig auf und wikkeln sie diese einzeln entweder in Seidenpapier oder in ganz weiche Papiertaschentücher. Auf keinen Fall dürfen Al-Münzen mit Tesa-Film beklebt oder zusammen mit anderen Münzen aufbewahrt werden. Aluminium ist ein weiches Metall

Schöne Motive auf Aluminiummünzen wirken nur dann, wenn sich die Münze in erstklassiger Erhaltung befindet.

Deutschland 50 Pfennig 1920 vorzüglich (Stgl. mit leichten Kratzspuren).

Deutschland 3 Mark 1922, bester Stempelglanz (fast schon P.P.).

Fünf Lire Italien 1953, vorzüglich.

und oxydiert sehr schnell, allein schon durch Luftsauerstoff. Mechanisch ließe sich diese Oxydation zwar leicht entfernen, aber wegen der weichen Oberfläche bleiben unerwünschte Kratzspuren auch bei feinster Reibung (z. B. durch einen Radiergummi) zurück. Wir dürfen also Al-Münzen nach Schmutzentfernung im kalten Seifenbad nur mit einer ganz weichen Bürste bearbeiten. Jeder härtere Angriff oder jeder noch so leichte Polierversuch hinterläßt unweigerlich nicht mehr zu entfernende Kratzspuren.

Nach der Reinigung in Seifenwasser ohne Zusatz von Salmiakgeist läßt sich der Zustand einer gebrauchten Al-Umlaufmünze kaum noch verbessern. Weder Säuren noch Laugen können die Oberfläche verbessern, sie greifen eher an, als daß sie den blanken Glanz der neuen Münze wieder hervorzaubern. Deshalb sollte man wirklich zufrieden sein, wenn man Al-Münzen in Stgl. erworben hat. Man muß alles daran setzen, diesen Erhaltungsgrad durch Zaponieren zu erhalten. Die Behandlung mit Münzlack ist unbedingt Voraussetzung für die dauerhafte Erhaltung dieser Münzen, wobei hier ein einfacher Zapon-Überzug völlig ausreichend ist. Oxydierte Al-Münzen sollten innerhalb einer Sammlung stets nur als Belegstücke betrachtet werden. Man sollte sie möglichst bald gegen bankfrische Stücke austauschen, die bei diesen preiswerten Münzen fast immer beschafft werden können. Al-Münzen in minderer Erhaltung sind sehr zahlreich und so leicht zu besorgen, daß man an ihnen viel öfter neue Reinigungsmethoden ausprobieren sollte.

Ich selbst habe bei einigen Al-Münzen den Oberflächenschmutz sogar erfolgreich mit Kukident-Reinigungspulver entfernt und eine nicht nur saubere, sondern auch natürlich glänzende Münze erhalten. Andere Sammlerfreunde lehnen dieses Reinigungspulver wegen negativer Ergebnisse ab. Natürlich kann man auch Versuche mit Säuren machen, jedoch ist hier Zitronensäure zu schwach während alle anderen Säuren aber sofort angreifen und auf der Oberfläche meist Nar-

Zwei Franc Französ. Cameroun, Stempelglanz.

Griechenland 10 Lepta 1966, Stempelglanz.

Österreich 2 Groschen 1968 in Polierter Platte.

ben hinterlassen. Ist eine Al-Münze total verdorben, die man jedoch als Belegstück aufbewahren möchte, so kann man nach Schmutzentfernung durch leichte Bearbeitung mit der Neusilber-Kratzbürste ein besseres Aussehen erreichen, allerdings zeigen sich danach Kratzspuren auf der Oberfläche, die nicht mehr entfernt werden können. Die Alternative zwischen einem unansehnlichen Stück oder einer zwar verkratzten, doch immerhin ansehnlichen Münze muß hier ganz allein dem persönlichen Geschmack des Sammlers vorbehalten bleiben. Es wäre wünschenswert, wenn bei der Fülle des Materials künftig mehr Versuche in dieser Richtung gemacht werden, vielleicht zeigt sich dann endlich einmal ein wirklich positives Ergebnis.

Zink-Münzen in vorbildlicher Erhaltung: Zwei Rappen/Schweiz 1942 und 2 Leke/Albanien 1957, beide Stempelglanz, die Wertseite der albanischen Münze zeigt bereits leichte Oxydationsspuren.

ZINKMÜNZEN

Zink wurde für Münzprägungen in Notzeiten verwendet, die Münzen aus diesem Metall haben nur eine begrenzte Umlaufdauer, denn die Korrosionsbeständigkeit ist weitgehend unzureichend. Deshalb gehören Münzen aus Zink-Legierungen zu den problemvollsten Münzen, das Prägematerial ist sehr weich, nutzt sich schnell ab und wird unansehnlich. Es wird selten möglich sein, Zinkmünzen in dem Erhaltungs-

grad Stempelglanz zu erwerben, trotzdem werden Münzen aus diesem Metall benötigt, weil sie bei den entsprechenden Ländern wichtige Bestandteile einer modernen Sammlung sind.
Die Luftfeuchtigkeit reicht bereits aus, um Zink mit einem hellgrauen, matten Überzug zu versehen. Diese Schicht haftet sehr fest auf der Oberfläche, man bezeichnet sie als Zinkrost, der allerdings für längere Zeit die tiefer liegenden Metallschichten vor weiteren Feuchtigkeitseinflüssen schützt. Ist die Schicht auf der Münze fast weiß, so handelt es sich um Zinksulfid, das sich durch Einfluß von Schwefel bildet. Zinkcarbonat sieht gleichfalls weiß aus, es entsteht durch Einwirkung von Kohlensäure.
Oft ist das Metall der Zinkmünzen mit geringen Spuren anderer unedler Metalle legiert (Blei, Eisen oder Zinn), man muß deshalb schon bei harmloser Wäsche in Seifenlauge damit rechnen, daß bei der Behandlung unerwartete Verfärbungen eintreten. Trotzdem sollten wir hier chemische und mechanische Methoden versuchen oder kombinieren, um zum Erfolg zu kommen.
Alle Vorbehandlungsmethoden können unbedenklich angewendet werden, den Abschluß wird meist eine mechanische Bürstenbehandlung mit der Neusilberbürste bilden, wobei allerdings eine unnatürliche Aufhellung des Metalles erfolgen kann. Silbertauchbad darf keinesfalls angewendet werden. Bei geringer Oberflächenveränderung kann auch ein fester Tintenradiergummi (in Bleistiftform) oder ein Glashaarpinsel zum Erfolg führen.
Nun sind allerdings Zinkmünzen meist keine so großen Raritäten, so daß man ruhig einmal (besonders bei den Zinkmünzen Deutschlands ab 1940) einige Versuche wagen kann, ohne Verluste zu erleiden. Bei diesem Metall darf man ausnahmsweise auch sonst unerlaubte Verschönerungsexperimente wagen, besonders dann, wenn der Erfolg uns Recht gibt.

Die Reinigung der Zinkmünzen wird in jedem Falle eine saubere Münze als Ergebnis zeigen.
Bei Befall der Oberfläche mit Zinkrost oder Zinkcarbonat kommt aber mit Sicherheit nach dem Trocknen wieder eine unansehnliche Oxydation zum Vorschein. Um befriedigende Ergebnisse zu erzielen, muß hier unbedingt wesentlich mehr getan werden. Ein Versuch mit dem bereits erwähnten »Greenwater« entfernt mit Sicherheit den Zinkrost. Da Greenwater wie eine Säure wirkt, ist hier eine ständige Beobachtung erforderlich. Die Behandlungszeit muß kurz sein. Jede Münze wird einzeln (höchstens 15 Sekunden) in Greenwater gelegt, danach sofort abgespült und mit feuchtem Natronpulver oder feinem Kochsalz neutralisiert. Jetzt wieder tüchtig spülen und möglichst 20 Minuten im kalten Wasserbad belassen. Die noch feuchte Münze wird mit der Neusilberbürste unter ständigem Drehen gebürstet. Der endgültige Erfolg kann erst nach gründlichem Trocknen festgestellt werden, denn nur bei einer ganz trocknen Münze kann man erkennen, ob der graue oder helle Belag sowie Flecke verschwunden sind. Es empfiehlt sich, Zinkmünzen unter Wärmeeinwirkung zu trocknen (Zentralheizung, Asbestplatte auf der Elektrokochplatte Stufe 1 oder Föhn), weil Zink eine ziemlich rauhe Oberfläche hat, welche die Feuchtigkeit für viele Stunden bindet. Ein endgültiges Ergebnis ist deshalb nur bei einer völlig trockenen Münze zu erkennen. – Ist die erste Behandlung mit Greenwater wenig erfolgreich gewesen, dann muß man noch einmal von vorn anfangen, die Tauchzeit in Greenwater darf aber dann nur noch 10 Sekunden betragen, sonst bilden sich zu tiefe Krater, die Münze wird unansehnlich und nicht mehr sammelwürdig. Anschließende Behandlung wie oben beschrieben bis zum Trocknen.
Halt! muß ich an dieser Stelle genau wie beim Thema Silbermünzen sagen. Aber die Praxis hat bewiesen, daß Zinkmünzen, besonders ältere Umlaufstücke mit den bisher beschriebenen Methoden nur unvollkommene und nicht ganz

befriedigende Reinigungs-Ergebnisse zeigten. Wenn Sie das Risiko nicht scheuen, geschickt sind und dazu noch Fingerspitzengefühl besitzen, dann versuchen Sie bitte die folgende »Regenerationsmethode«:
Münze mit einer möglichst kunststoffbeschichteten spitzen Pinzette halten. Handelsübliche Salzsäure (H Cl) unverdünnt auf beide Seiten der Münze geben bzw. die Münze in H Cl eintauchen. Die Säure darf nur kurz aufschäumen (5 bis höchstens 10 Sekunden), dann sofort mit Natronpulver (2 Na HCO_3) neutralisieren und abreiben. Am besten legt man die schäumende Münze auf einen Teelöffelberg Natronpulver, den man in der hohlen Hand hält, und bereibt im Anschluß kurz die Münze mit dem Pulver. Die Haut wird hierbei durch die Salzsäure nicht angegriffen, weil die Säurewirkung sofort durch das Natronpulver neutralisiert wird. Danach gründlich spülen und möglichst mit klarem Wasser abbürsten, damit alle Säure- und Pulverspuren verschwinden. Für die Weiterbehandlung muß die Münze heiß getrocknet werden. Es ist besonders sorgfältig darauf zu achten, daß Zinkmünzen garantiert trocken sind, sonst bildet sich wieder Zinkrost, der bekanntlich durch geringste Feuchtigkeit entsteht. Die trockene Münze sollte dann mit Paraffin-Öl eingefettet werden, man kann sie auch einige Minuten in Paraffin-Öl legen. Das Öl wirkt dem spröden Zink-Charakter entgegen und stößt Feuchtigkeit ab. Sollte die Münze jetzt zu hell und damit unnatürlich aussehen, darf man (ein »erlaubter Kunstgriff«) auf die abgewischte, fast trockene, leicht fettige Oberfläche gleichmäßig etwas Graphit-Staub verreiben. Jetzt muß die Münze wieder heiß getrocknet werden, damit alle Fettspuren in das poröse Metall einziehen und nicht auf der Oberfläche bleiben.
Nach der Trocknung, die unbedingt durch Wärmeeinwirkung unterstützt werden sollte (Föhn oder Auflage auf die Zentralheizung), müssen die Münzen abkühlen. Danach muß sofort Zaponlack möglichst großzügig aufgetragen werden, damit

eine echte Konservierung und ein wirksamer Schutz die Zinkmünze vor weiteren Veränderungen schützt. Empfehlenswert ist sogar ein zweimaliges Auftragen des Münzlackes, jedoch muß die Wartezeit mindestens 3 Tage betragen, damit die erste Schicht gut trocknet.

ANTIKE MÜNZEN

Münzen des klassischen Altertums bzw. aus der antiken Zeit, also vor Chr. oder einige Jahre danach, erwerben wir meist von Vorbesitzern aus zweiter und dritter Hand. Die Vorbesitzer haben diese alten Münzen genauso wie ein Münzhändler bereits geprüft und bieten sie nur in wirklich sammelwürdigem Zustand an. Allerdings werden antike Münzen wegen des hohen Sammelwertes öfter gefälscht; sollte also die Erwerbsquelle unklar sein, ist es empfehlenswert, einen Fachmann zu befragen. Einige Firmen haben zu Werbezwecken Nachprägungen hergestellt, diese sind aber als Nachprägungen gekennzeichnet und weichen sowohl in der Metallart, wie auch im Metallgehalt und Gewicht erheblich von den echten Münzen der Antike ab, so daß auch ein Anfänger unschwer diese Unterschiede feststellt.
Antike Münzen sollten für jede Reinigung, Pflege und Konservierung als »tabu« betrachtet werden. Die Überlegungen beim Erwerb dieser Stücke sollten sich nicht mit der Konservierung und Pflege befassen, sondern hier geht es in erster Linie um die Prüfung der Echtheit und weiterhin darum, daß antike Stücke so angeboten werden sollten, wie es dem ursprünglichen Erhaltungsgrad entspricht. Bitte denken Sie daran, daß fast alle antiken Münzen aus Ausgrabungen oder Erdfunden stammen. Die Stücke aus dieser Zeit haben eher Verbrauchsspuren als Gebrauchsspuren, die durch echte Patina auf allen Metallen festgestellt werden können. Diese Schicht ist viel härter als eine Oxydation auf modernen Münzen und

bedeutet einen wesentlich besseren Schutz, der durch Konservierung oder Münzlack niemals erreicht werden könnte. Bitte behandeln oder reinigen Sie solche Münzen nicht und legen Sie diese antiken Stücke so wie sie sind in die Sammlung.
Sind Münzen der Antike geputzt worden, so wird das von Kennern sofort erkannt, die Stücke verlieren fast 70 % des eigentlichen Wertes.
Sollten Sie zu den glücklichen Sammlern gehören, die antike Münzen durch Bodenfunde oder Ausgrabungen finden, die dann meist zu Münzklumpen vereinigt sind, dann dürfen Sie nicht eigene Versuche vornehmen. Sie sollten vielmehr mit erfahrenen Präparatoren oder Landeskonservatoren Kontakt aufnehmen, die aufgrund der eigenen Erfahrungen helfen und Ratschläge erteilen können.

BANKNOTEN

In diesem Buch dreht sich zwar alles um Münzen, aber es ist naheliegend, daß sich in die Sammlung eines passionierten Münzsammlers doch hin und wieder ein Geldschein einschleicht, der interessant genug ist, um als Ergänzung oder Abrundung eines Gebietes aufbewahrt zu werden.
Für die Aufbewahrung von geringen Mengen Banknoten eignet sich z. B. das Kobra »Ganzsachen«-Album, welches eigentlich zur Aufbewahrung von Karten und Briefen der Briefmarkensammlung gedacht ist. In den Plastiktaschen können Geldscheine bis zum Format von 12 x 20 cm gut untergebracht werden. Das Album, welches es in Briefmarkenhandlungen gibt, wird durch einen festen Schuber geschützt.
Banknoten werden überwiegend in bankfrischem, glatten Zustand gesammelt und je sauberer und glatter (möglichst ohne Kniff) so ein Schein ist, desto höher wird er natürlich bewertet. Aber in der Praxis kommt es auch hierbei vor, daß eine an sich gute Banknote verschmutzt ist und möglichst wieder

in einen sammelwürdigen Zustand versetzt werden soll. Zur Vervollständigung meiner Reinigungshinweise möchte ich noch diesen Ratschlag anschließen, weil ich nur zu genau weiß, daß ein Münzsammler schon einmal in die Verlegenheit kommen kann, einige Geldscheine säubern zu müssen.
Legen Sie bitte die Banknote auf die flache Hand und halten Sie diese unter fließendes lauwarmes Wasser. Mit einer milden und vor allem neutralen Seife (z. B. Sunlicht-Seife) wird der Schein dann zwischen den Händen ganz vorsichtig gewaschen und man merkt selbst, wann man die Seifenreinigung beenden sollte. Bitte denken Sie vor allem daran, daß auch die Rückseite eingeseift werden muß, also eher früher, als zu spät aufhören. Danach müssen selbstverständlich sämtliche Seifenreste durch gutes Spülen (besser dann nur kaltes Wasser) entfernt werden. Der Geldschein darf bei dieser Reinigung keinesfalls weich werden und sollte auch kein Wasser aufsaugen, denn danach folgt unmittelbar ein Aufweich- oder Zersetzungsprozeß. – Gestatten Sie mir bitte auch hier den Hinweis, daß man so eine Prozedur zunächst einmal an Umlauf-Banknoten testen sollte.
Ein Versuch mit Waschbenzin oder Tetrachlorkohlenstoff wäre auch zu empfehlen, diese Stoffe müssen aber absolut fettfrei sein (Feuerzeugbenzin ist z. B. nicht völlig fettfrei), damit sich keine neuen Flecken oder Ränder nach dem Trocknen ergeben. Die Trocknung nach einer Benzinreinigung sollte ohne Wärme an der Luft erfolgen, man kann die Scheine auch zwischen Saugpapier legen, die Glätte erreicht man durch Pressen zwischen Büchern.
Nasse unter Wasser gereinigte Noten legt man zwischen Löschpapier und bügelt sie mit einem handwarmen Bügeleisen. Die weitere Trocknung erfolgt an der Luft.
Es wird sich manchmal nicht vermeiden lassen, daß die Festigkeit der Geldscheine nach einer feuchten Reinigung nachgelassen hat. So etwas stellt man natürlich erst nach völliger Trocknung fest. Legen Sie die getrockneten Scheine kurze Zeit (1–2

Minuten) in Reiswasser oder in ein stark verdünntes Stärkebad (Wäschestärke). Danach wieder zwischen Löschblätter, handwarm bügeln und Trocknen wie zuvor.
Banknoten, die Risse zeigen, sollte man möglichst nicht feucht reinigen. Für die Reparatur dieser Risse gibt es heute eine fast unsichtbare Klebefolie: »Filmoplast P« der Firma Hans Neschen, Bückeburg. Es handelt sich hier um eine selbstklebende, transparente und sehr zähe Folie, die kaum erkennbar ist, wenn sie aufgeklebt wird. Ein weiterer Vorteil: Der Klebstoff fettet, im Gegensatz zu vielen anderen Folien, nicht durch.

ELEKTROCHEMISCHE VERFAHREN

In der Praxis wird sich die Reinigung von Münzen meist auf die mechanischen Methoden beschränken. Besonders deshalb, weil eine pflegliche Behandlung auch für den Laien leicht durchführbar sein sollte und weil elektrochemische Verfahren bereits Verschönerungen und Veränderungen bedeuten können, die von mir grundsätzlich abgelehnt werden.
Für experimentierfreudige Sammler sollte jedoch dieses Verfahren noch kurz beschrieben werden, welches evtl. die Oxydation einer modernen Münze leichter rückgängig machen kann, als so manche mechanischen Mittel.
Meist hat jedoch das oft erwähnte Silbertauchbad, welches eigentlich auch zur Chemie tendiert, ganze Arbeit bei der Reduktion von Oxyden geleistet. Noch mehr als bei der Anwendung von Tauchbädern möchte ich hier besonders darauf hinweisen, daß dieses Verfahren für ältere Münzen mit natürlicher Oberflächenveränderung (reine, angelaufene und nachgedunkelte Silbermünzen, schokoladenbraunes Kupfer, dunkle Bronze oder Patina) keinesfalls zu empfehlen ist.
Die elektrochemische Methode ist nur bei modernen und neuesten Münzen, deren Oberfläche verdorben ist, anwendbar.

Prinzipiell geht es hier darum, oxydative Prozesse wieder rückgängig zu machen. Zur Erklärung dieser Vorgänge müssen allerdings noch einige weitere Begriffe kurz erläutert werden. Auch hier ist die Spannungsreihe der Metalle ein wesentlicher Schlüssel des Verständnisses:
Die metallischen Verbindungen liegen in wässriger Lösung eines geeigneten Lösungsmittels (Elektrolyten) mehr oder weniger als einzelne elektrisch geladene Atome oder Moleküle vor. (Ein Molekül ist die kleinste Einheit eines Stoffes, die noch dessen Eigenschaften besitzt.) Diese geladenen Teilchen nennt man Ionen. Metallionen sind immer positiv geladen. Die Ladungen der einzelnen Atome oder Moleküle kommen stets und nur durch eine Abgabe oder Aufnahme von Elektronen, also negativen Ladungen, zustande. Da nun nach der Spannungsreihe nicht alle Metalle gleich leicht Elektronen abgeben oder aufnehmen, also verschieden oxydierbar sind, und zwei verschiedene Metalle in einer geeigneten Lösung vorliegen, wird auf Grund ihrer verschiedenen Fähigkeit zu oxydieren (oder eben Elektronen abzugeben) der eine Partner, nämlich der leichter zu oxydierende (oder in der Spannungsreihe weiter oben stehende) seine Elektronen an den anderen Partner abgeben und diesen reduzieren, wobei der oxydierende Stoff, z. B. Sauerstoff, abgelöst wird.
Da der Fluß der Elektronen als elektrischer Strom definiert wird, herrscht zwischen allen Metallen der Spannungsreihe auch eine elektrische Spannung. Die Spannungen der einzelnen Metalle wurden rein willkürlich auf ihre Spannung zu Wasserstoff bezogen.

In Volt betragen die Spannungen für die einzelnen Metalle:

Al	–	1.69 V	H	±	0.00 V
Zn	–	0.76 V	Cu	+	0.35 V
Fe	–	0.44 V	Ag	+	0.81 V
Sn	–	0.14 V	Pt	+	1.20 V
Pb	–	0.13 V	Au	+	1.68 V

Befindet sich also z. B. eine Kupfermünze zusammen mit einer Zinkmünze in einer geeigneten Lösung, so bildet sich zwischen ihnen eine Spannung von 1,1 Volt aus (das ist die Differenz von + 0.35 bis – 0.76 Volt). Diese Spannung ließe sich ablesen, wenn man die beiden Metallstücke mit einem Draht, in den ein Spannungsmesser eingeschaltet ist, verbinden würde. Der fließende Strom heißt galvanischer Strom und fließt von dem Metall niedriger Spannung (hier Zink) zu dem Metall höherer Spannung (hier Kupfer).
Praktisch läßt sich hiernach das Kupfer, wenn es z. B. oxydiert ist, reduktiv aus seiner Verbindung durch z. B. Zinkkörnchen befreien. In einer geeigneten Lösung, z. B. Natronlauge, setzt der Prozeß sofort ein. Durch den entstehenden Strom wird auch das Wasser in Wasserstoff und Sauerstoff gespalten. (Man erkennt dies an den sich sofort bildenden Wasserstoffbläschen.) Das Zink gibt seine Elektronen ab (oxydativer Prozeß) und reagiert mit dem entstehenden Sauerstoff. Das Kupfer nimmt die Elektronen auf (reduktiver Prozeß) und reagiert gleichzeitig mit dem Wasserstoff, wobei der oxydierende Stoff vom Kupfer entfernt wird und sich mit dem Zink verbindet. Zurück bleiben oxydiertes Zink und reduziertes, reines, metallisches Kupfer. (Die einzelnen Zustands- bzw. Ladungsänderungen und sekundären Prozesse sollen hier nicht erwähnt werden.)
Prinzipiell läßt sich diese Methode mit allen Metallen der Spannungsreihe verhältnismäßig leicht durchführen.

ERHALTUNGSGRADE

Erläuterungen der Übersetzung der Erhaltungsgrade

Es erscheint mir wichtig, einmal eine Tabelle der Erhaltungsgrade in 6 verschiedenen Sprachen nach den früheren und auch heute noch gültigen Einstufungen zu veröffentlichen. Die Übersetzungen in die für den deutschen Sammler wichtigsten Sprachen sind zum besseren Verständnis der manchmal einzigen ausländischen Sammlerkataloge genauso unentbehrlich, wie für die Benutzung der internationalen Händler- und Auktionskataloge.

Kritische Leser werden die ›polierte Platte‹ zu Recht nicht zu den Erhaltungsgraden rechnen, denn sie ist ein Herstellungsgrad. ›P. P.‹ sollte aber in dieser Aufstellung nicht fehlen, weil besonders die vergleichbare englische Bezeichnung ›proof‹ in fast allen Katalogen als Erhaltungsgrad vermerkt ist.

Die deutsche Versandstelle für Sammlermünzen in Bad Homburg bezeichnet seit etwa 2 Jahren Sammlermünzen der ersten Klasse nicht mehr mit ›polierter Platte‹, sondern mit ›Spiegelglanz‹. Man sollte diesen neuen Herstellungsgrad, der durch rationellere und moderne Prägetechnik erforderlich wurde, der polierten Platte schon deshalb gleichsetzen, weil Banken und Münzhändler Spiegelglanzmünzen mit der Bezeichnung ›P. P.‹ anbieten. Da der Unterschied zwischen diesen beiden Herstellungsgraden durch moderne Technik bedingt ist und außerdem kaum erkannt werden kann, müßten diese fast gleichen Herstellungsgrade in einen Begriff zusammengefaßt werden. Also P. P. oder Spiegelglanz sollte künftig zumindest bei modernen deutschen Münzen gleichwertig sein. Ein späterer Vergleich mit Münzen anderer Länder in gleichem Herstellungsgrad wird diese Einstufung noch unterstreichen. Trotzdem fehlen noch die bekannten Erhaltungsgrade ›bankfrisch‹, ›stempelfrisch‹ oder ›uncirculated‹. Bitte stufen Sie diese zwischen Stempelglanz und vorzüglich ein. Bankfrisch

kann z. B. besser oder schlechter als Stempelglanz sein, es kommt hier allein darauf an, wie eine Münze den Prägestock verläßt und wie sie auf die anderen neu geprägten Stücke fällt. Eine bankfrische oder stempelfrische Münze kann durch den Herstellungsprozeß also geringe Kratzspuren haben.
Die Erhaltungs- oder Herstellungsgrade dieser Tabelle beziehen sich auf die Nummern 1 bis 7, Nr. 8 bezeichnet eine Probeprägung und Nr. 9 bis 12 bezeichnen Fehler, die ausgebessert wurden. Nr. 13 bis 16 sind Herstellungs- oder Prägefehler.

Beispiele für Erhaltungsgrade:

Polierte Platte – Nickel

Polierte Platte – Aluminium

Bezeichnung des Erhaltungsgrades in verschiedenen Sprachen

DEUTSCH	ENGLISH	FRANÇAIS
polierte Platte Stempelglanz	proof Mint state	Flan bruni FDC (Fleur de coin)
vorzüglich	EF (extremely fine)	Superbe
sehr schön	VF (Very fine)	TB (Très beau)
schön	F (fine)	B (beau)
s. g. e. (sehr gut erhalten)	v. g. (very good)	T. b. c. (très bien conservé)
g. e. (gut erhalten)	good fair	b. c. (bien cons.)
Probe Henkelspur	pattern traces of loop	Essai trace de bélière
gestopftes Loch	plugged	trou rebouché
gelocht	pierced	troué
vergoldet	gilt	doré
Doppelschlag	double struck	tréflé
Schrötlingsriss	cracked planchet	flan fêlé
poliert	burnished	poli
Stempelbruch	broken die	cassure de coin

ITALIANO	NEDERLANDS	ESPANOL
fondo specchio fior di conio	proefslag FDC	flor de cuño
splendido	prachtig	EBC (Extraordina-riamente bien cons.)
BB (bellissimo) MB (molto bello)	zeer fraai	MBC (muy bien conservada)
B (bello)	fraai	BC (bien conservada)
D (discreto)	zeer goed	MBC (muy bien conservada)
M (mediocre)	goed	RC (regular cons.)
Prova traccia di appiccagnolo	ontwerp sporen van een oogje	Prueba Ha sido montada
foro otturato	dichtgemaakt gat	agujero tapado
(forato)	met gaatje	agujero
dorato	verguld	dorada
doppio conio	versprongen	repintada
fenditura	muntplaatje gebarsten	cospel roto
lucidatura poster.	gebruneerd	pulida
frattura di conio	gesprongen stempel	cuño roto

Stempelglanz – Silber

Stempelglanz – Aluminium

Vorzüglich – Silber

Vorzüglich – Aluminium

Sehr schön – Silber – Stahl – Aluminium

Schön – Aluminium-Bronze – Aluminium

Polierte Platte

Stempelglanz

Sehr gut erhalten – Kupfer

DIE AUFBEWAHRUNG EINER MÜNZSAMMLUNG

Die Aufbewahrung der Sammlermünzen hat eigentlich nur indirekt etwas mit der Pflege zu tun und gehört eigentlich schon in das besondere Gebiet der Technik des Münzsammelns. Aber das Sprichwort »Wie man sich bettet – so liegt man« gilt im weiteren Sinne auch für die wertvollen Sammelobjekte und deren Pflege. Ein Berg Münzen in einer Zigarrenkiste ist wohl eine Ansammlung von Münzen, aber noch längst keine Münzensammlung.
Für die zweckmäßigste Aufbewahrung einer Münzsammlung gibt es eigentlich keine allgemein gültige Empfehlung, weil die Aufbewahrung einmal von sehr vielen individuellen Gegebenheiten abhängig ist, wie z. B. von der Platzfrage und von der Art der Sammlung selbst. Dabei ist auch entscheidend, ob der Sammler einerseits oft Teile der Sammlung zu Sammlertreffen oder Ausstellungen mitnimmt oder ob er andererseits ein größeres Sammelgebiet in übersichtlichen Sammelalben ständig bearbeiten und betrachten möchte. Ein Kriterium gegen die Alben wäre, daß zwischen Münzen und Betrachter sich ständig eine Plastikwand befindet; dieses Argument könnte ein anderer Sammler jedoch positiv wer-

ten, weil durch die schützenden Hüllen gewährleistet ist, daß nicht jeder Betrachter die Münzen gleich in die Hand nimmt. Die Platzfrage an sich ist allgemein weniger ausschlaggebend, denn letzten Endes nehmen Münzschränke oder in andere Möbel eingebaute Tablare fast den gleichen Raum wie Alben in Anspruch. Doch spielt zumindest bei wertvolleren Sammlungen die Sicherheit der Unterbringung eine entscheidende Rolle. Münzen-Sammlungen müssen versichert werden, die Versicherungen verlangen die Unterbringung in gut verschließbaren Schränken. In dieser Hinsicht ist auch die Ferienzeit ein Problem. Meist bleibt die Wohnung für Wochen leer und ist kaum unter Aufsicht. Natürlich kann eine Münzsammlung, die in Alben untergebracht ist, viel schneller und besser zum Banksafe transportiert werden, als Sammelmünzen, die im Münzschrank liegen.

Oft entscheidet allerdings auch die Art der Sammlung über verschiedene Aufbewahrungsmöglichkeiten. Eine Silber- und Goldmünzensammlung beansprucht zweifellos einen würdigeren Rahmen, als z. B. eine Reichsmünzen-Pfennig-Sammlung aller Prägejahre und Buchstaben. Nicht unwesentlich ist in diesem Zusammenhang auch der interne Aufbau einer Sammlung, ich meine damit, ob viele gleiche Nominale oder gleich große Stücke nebeneinander liegen, oder ob, wie man es häufig antrifft, nach Münzsätzen gesammelt wird (z. B. 1 Pf, 2 Pf, 5 Pf, 10 Pf, 50 Pf, 1 DM, 2 DM und 5 DM).

Eine Gedenkmünzen-Sammlung stellt an die Aufbewahrung wieder ganz andere Ansprüche als beispielsweise eine Querschnitt-Sammlung.

Nach diesen allgemeinen Betrachtungen, die in erster Linie aufzeigen sollen, wie schwer hier echte Empfehlungen gegeben werden können, nun einige konkrete Vorschläge.

Zunächst sollen die bekanntesten und verbreitetsten Aufbewahrungsmöglichkeiten einmal betrachtet werden, und ich will versuchen, hier alle positiven und negativen Gesichtspunkte objektiv zu beleuchten.

Wir unterscheiden zwischen der Aufbewahrung von Münzsammlungen

1. in Münzalben,
2. in Münz-Schatullen,
3. auf Münztablaren bzw. in das Mobilar eingebauten Schüben,
4. in Münz-Schränken.

Aus dieser Aufzählung darf keinesfalls eine Wertung oder Rangfolge abgeleitet werden. Weder die Häufigkeit der Aufbewahrungsarten noch die Bewertung der Sammlungen sollen in dieser Reihenfolge kritisch eingestuft werden; vielleicht, aber nur vielleicht, spiegelt sich ein wenig die Erfahrung des Sammlers in meiner Beurteilung wieder, jedoch mit der Einschränkung, daß hier die Punkte 3 und 4 praktisch gleichzusetzen sind. Ich sage das mit sehr großem Vorbehalt, denn für alle Aufbewahrungsarten gibt es gute, sehr einleuchtende Gründe. Ein Hinweis sei mir noch gestattet, nämlich der, daß es keinesfalls billiger oder rationeller ist, in Münzalben statt in Münzschränken zu sammeln, denn erstens steht der Umfang der Ordnungsmittel immer in Relation zum Umfang einer Sammlung und zweitens müssen Alben auch irgendwie in Schränken untergebracht werden, sie können nicht herumliegen und schon gar nicht auf Regalen stehen.

1. Münzalben

Diese Aufbewahrungsart steht deshalb an erster Stelle, weil die meisten Sammler hiermit beginnen und viele auch dabei bleiben. Man merkt das besonders auch daran, daß die Industrie immer neue Alben herausbringt und das Angebot dadurch leider auch immer unübersichtlicher wird.
Leider gab es bei längerer Aufbewahrung von Münzen in Albenblättern aus Weichplastik Probleme. Auch Spiegelglanzmünzen der Versandstelle in Bad Homburg, die etwa bis 1971 in verschweißten Weichplastikhüllen verschickt wurden, liefen

an. Die Ursache hierfür ist nicht nur in den verwendeten Weichmachern zu suchen, sondern liegt vor allem an der Stearinsäure, bzw. am Stearat, welches als Stabilisator in vielen PVC-Folien verwendet wird. Das Stearat löst das Kupfer aus allen Münzmetallen, die Kupfer als Legierungsbestandteil enthalten, und man kann bereits nach 6 Monaten eine Oberflächenkorrosion feststellen. Evtl. Schäden können mit chem. reinem Benzol (sehr feuergefährlich) entfernt werden. Allerdings sind auch Fälle bekannt, bei denen nach jahrelanger Aufbewahrung – besonders bei pP-Stücken irreparable Schäden eingetreten sind. Auch zaponieren nützt hier nichts, weil die Stearinsäure durch die Lackschicht durchdiffundiert. Münztaschen, die porös sind oder Luftschlitze besitzen, zeigen weniger Reaktion, weil durch die Belüftung mit Sauerstoff die Konzentration entsprechend schwächer ist. Man sollte allerdings diese negativen Kriterien nicht pauschal auf alle Münzalben beziehen, denn es gibt Fabrikate, die nur geprüftes Material verwenden. Verlangen Sie also beim Kauf von Münzalben gewisse Garantien, und zwar nicht vom Händler, sondern vom Hersteller.

Alle Alben sehen wie Bücher aus und man wird natürlich deshalb dazu verleitet, sie auch wie Bücher stehend – evtl. sogar in den Bücherschrank – einzuordnen. Dies ist ein sehr verbreiteter Fehler, denn es gibt eigentlich nur wenige Alben mit »Vielringmechanik«, die man, mit Münzen gefüllt, stehend aufbewahren könnte. Besitzen Sie solche Alben, die also als Rückenheftung in jedem Falle mehr als 4 Ringe haben müssen, dann dürfen Sie diese Alben nur dann stehend aufbewahren, wenn sie zusätzlich in einen Schuber gesteckt werden, der meistens dazu gekauft werden kann, jedoch extra berechnet wird. Bitte achten Sie weiterhin darauf, daß die größeren und schwereren Münzen möglichst links einsortiert werden, also nahe der Ringmechanik, und die leichteren Münzen rechts außen bleiben. Das wird sich in den meisten Fällen aber nicht verwirklichen lassen, denn die Reihenfolge der Ordnung, die oft von links nach rechts läuft, geht hier vor. Als letzte Empfehlung für stehende Aufbewahrung: bitte pressen Sie die Alben fest ein, denn Plastikhüllen, die durch das Gewicht der Münzen jahrelang senkrecht herunterhängen, weiten die oberen Löcher oft bis zum Einreißen aus und verziehen sich. – Mein ehrlicher Rat: Münzalben grundsätzlich liegend aufbewahren.

Ratschlag Nr. 2 hierzu: Bitte überladen Sie die Alben nicht mit zuviel Einlagen; die Lieferfirma schreibt meist die Zahl vor und diese ist auch unbedingt einzuhalten. Sie werden zwar bald weitere Alben hinzukaufen müssen, das ist oft nicht billig, aber trotzdem preiswert, weil die Lebensdauer unbegrenzt und das Aussehen viel schöner ist.

Ratschlag Nr. 3: Stopfen Sie größere Münzen nicht in zu kleine oder zu knapp bemessene Taschen, die Schweißnähte reißen dann mit Sicherheit aus. Vielleicht gewöhnen Sie sich daran, sich immer nach dem größten Stück auszurichten, wenn Sie Münzensätze verschiedener Nominale und Größen unterbringen möchten, und nicht eine Albenseite zu wählen, wo die eine Übergröße zu den vielen kleineren gerade noch hineingezwängt werden kann.

Manche Albenhersteller liefern Größentabellen mit den Alben, die aber leider wenig beachtet werden. – Andere Albenhersteller liefern grundsätzlich nur Blätter mit gleichen Norm-Maßen, und auch das hat unbedingte Vorteile.
Besonders für Jahrgang-Sammler, die im Gegensatz zu Typen-Sammlern von jedem Nominal jedes Prägejahr und davon wieder jede Münzstätte bzw. jeden Buchstaben sammeln, eignen sich Alben mit rundgeschnittenen Einlagen in den Münztaschen, die genau der Münzgröße entsprechen.
Möchten Sie Text und Erläuterung zusätzlich in den Alben unterbringen, gibt es viele Empfehlungen und Möglichkeiten.

Eine davon wäre, den Text auf die meist hellen Zwischenblätter zu schreiben (sind diese dunkel, benutzt man weiße Tinte). Mir persönlich gefällt das nicht, weil die Zwischenblätter nicht ausgetauscht werden können, will man den Text lesen, muß man ständig die Plastik-Taschen hochklappen. Besser wäre es, den Text neben eine Münze in das freigelassene Täschchen einzuschieben. Wenig Text bzw. Zahlen oder Länderbezeichnungen lassen sich bei Verwendung von Selbstklebeetiketten auf die Plastikhülle kleben (evtl. auch Dymo-Prägeband verwenden). Der Vorteil des Selbstklebematerials ist, daß es einerseits fest haftet, sich anderseits aber jederzeit auch rückstandslos vom Plastikuntergrund wieder entfernen läßt. Einige Alben gibt es mit Beschriftungsleisten, die für Erläuterungstexte sehr brauchbar sind.
Zur Aufbewahrung begrenzter Sammelgebiete nach Typen gibt es neuerdings sogenannte »Vordruckalben«. Ich glaube aber, daß der Interessentenkreis für diese begrenzten Unterbringungsmöglichkeiten nicht sehr groß ist, denn erstens wächst eine Sammlung ständig und zweitens benötigen diese Alben, die zweifellos im Schuber sehr repräsentativ wirken, viel Platz, da auf einer Seite manchmal nur 4 Münzen unterzubringen sind. Diese Vordruckalben können vielleicht ganz nette Zusatzalben sein, sie mögen auch auf den betrachtenden Laien ihre Wirkung nicht verfehlen und eignen sich deshalb besonders für Ausstellungszwecke. Sie können übrigens unbedenklich stehend aufbewahrt werden, denn sie werden mit Schuber geliefert und die einzelnen Blätter sind nicht schwer.
Als letztes sei hier noch ein besonders gut ausgestattetes Album für wertvollere Münzen erwähnt. Die Münzen werden in Kunststoff-Platinen eingelegt, diese müssen der Münzgröße entsprechend zurechtgeschnitten werden (das ist sehr leicht zu machen und völlig unkompliziert). Die Münze mit Platine wird in eine Plastiktasche gesteckt, die übrigens keine schädlichen Beimischungen enthält und als »münzfreundlich«

bezeichnet werden kann, und diese wieder in die Albenseite aus Plastik. Diese Alben sind sehr repräsentativ, aber auch nicht gerade billig.
Bitte haben Sie Verständnis dafür, daß ich hier keine namentliche Empfehlung für die eine oder andere Albenart aussprechen kann. Jede hat spezielle Vorzüge und natürlich auch Nachteile, die meist durch den persönlichen Geschmack beeinflußt werden.

Vorteil der Albensammlung: Anfangskosten geringer, leicht transportabel, einfache Unterbringung im Bank-safe bei längerer Abwesenheit möglich. Für Dubletten und Tauschabende unerläßlich.

Nachteile: Geringe Flexibilität beim Wachsen der Sammlung. Münzen auf Tablaren wirken besser und repräsentativer. Der Sammler hat keinen unmittelbaren Kontakt zu den Münzen. Umständliches Einordnen und Umsortieren. Das Katalogisieren ist bei Albensammlungen etwas umständlich.

2. Münz-Schatullen

Sie waren vor einiger Zeit noch teuer und aufwendig vom Material her sowie auch vom beanspruchten Platz. Heute bieten viele Firmen preiswerte Ausführungen in unterschiedlicher Aufmachung an. Meist handelt es sich um kunststoffbezogene samtartige Tablare in den Farben blau, rot, grün und schwarz, die durch quadratische Unterteilung verschiedene Münzgrößen aufnehmen können, jedoch meist nur eine oder besser bis zu einer maximalen Größe je Tablar. Diese Tabletts, wie man sie wohl auch bezeichnen kann, gibt es auch ohne Einteilung. Ich persönlich würde die letztere Form bevorzugen, weil ich, zumindest für die Unterbringung einer Typensammlung, dann unabhängiger bin. Diese Paletten (wieder ein neues Wort dafür) gibt es auch mit runden Einteilungen, das kann gut aussehen, wenn die Münzen das Rund voll aus-

füllen, aber auch recht dürftig, wenn darin kleinere Stücke aufbewahrt werden. Meiner Meinung nach eignen sich diese Tablare am besten für die »Zwischenstation«, nämlich zum Sortieren, wenn Münzen eingehen und für die Wartezeit nach der Reinigung. Die Paletten haben meist Din A 4-Format und werden in mitgelieferten Schatullen oder Kästen aus Holz oder Kunststoff meist 10 stückweise aufbewahrt. Man kann sie natürlich auch im Schrankfach übereinanderlegen. Diese Tablare sind relativ billig, jedoch verteuert sich die Anschaffung durch die Schatullen, und ein einfaches Übereinanderstellen im Schrankfach ist nicht jedermanns Sache.
Für Münzsätze verschiedener Länder und Jahrgänge sowie für Gedenkmünzen der Bundesrepublik und Österreich gibt es seit kurzer Zeit Paletten in besserer Ausstattung und mit genauen Größenabmessungen, die mit einer dünnen genau angepaßten durchsichtigen Plastik-Haube abgedeckt werden können. Genau wie bei Vordruckalben wird der Sammlerkreis jedoch gering sein, denn zur Unterbringung einer umfangreichen Sammlung wird viel Platz benötigt.
Als Parallele zu den kostbaren Münzalben sei hier noch das sogenannte »kleine Münzkabinett« erwähnt. Hier werden auf samtbeschichtete Platten in vorgestanzte Löcher flache und runde Plastiktaschen eingeklemmt, Distanzringe halten kleinere Münzen in der Dose fest. Diese Aufbewahrungsart entspricht höchsten Ansprüchen, eignet sich jedoch nicht für Sammlungen größeren Umfanges, sie ist aber besonders für wertvolle Münzen oder Medaillen geeignet.

Vorteile dieser Aufbewahrungsarten: Repräsentative Ausstattung, individuelle Gestaltungsmöglichkeit, ständiger direkter Kontakt zu den Münzen, beweglich durch handliche Schatullen (Transport).

Nachteile: Nicht für größere Sammlungen geeignet. Durch Schatullenaufbewahrung teurer als Alben, es wird viel Platz benötigt. Die Tablare sind meist recht dick und beanspruchen in der Höhe mehr Platz als handlichere Münzschübe. Wenig Möglichkeit der Beschriftung, besonders bei unterteilten Paletten.

3. Einbau von Münz-Schüben und Tablaren in vorhandene Möbel

Über Geschmack läßt sich nicht streiten und man konzidiere mir bitte, daß ich meinem Geschmack entsprechend, aber wahrscheinlich auch aus umfangreichen Erfahrungen heraus, der »Einbau-Methode« den Vorzug gebe.
Für einen Einbau in vorhandenes Mobiliar spricht unbedingt, daß man sich damit der eigenen Einrichtung und dem Wohnstil weitgehend anpassen kann. Meist ist nämlich der Kauf eines ganzen Münzschrankes weniger problematisch als nachher die Aufstellung in der Wohnung und die Harmonie mit den vorhandenen Möbeln. Natürlich gibt es auch sehr schöne antike Münzschränke, die überall hineinpassen, aber wann wird so etwas schon einmal angeboten und welche sehr hohen Preise werden dann gefordert.
Die Anfertigung von flachen Münzschüben, die etwa im DIN A 4-Format noch flacher als 1 cm sind, ist mit einfachem Material leicht selbst durchzuführen oder kann durch einen Fachmann erfolgen. Man muß sich hierfür nur rechtzeitig entscheiden können und nicht erst dann, wenn man bereits viel Geld in andere Dinge, wie z. B. Kassetten oder Tablare investiert hat. Wenn Sie nicht auf die oft langen Lieferzeiten eines Handwerkers warten möchten und selbst etwas Geschick besitzen, dann können Sie diesen Einbau aus vorher zugeschnittenem Material sehr leicht selbst vornehmen.
Die flachen Münzschübe liegen je 2 über und je 2 nebeneinander auf dünnen Bodenbrettern, deren Höhenabstand durch aufgeleimte 2 cm hohe Seitenleisten bestimmt wird. Für ca. 1 600 bis zu 4 000 Münzen wird nicht mehr Platz als 30 cm Tiefe, 50 cm Breite und 30 cm Höhe benötigt. Der finanzielle

Aufwand hierfür ist auch bei der Fertigung durch Handwerker weitaus geringer als bei der Anschaffung von Alben, Tablaren mit Münzschatullen oder fertigen Münzschränken.
Noch ein weiterer Vorteil darf nicht übersehen werden: Der Einbau ist nicht fest mit dem Möbel verbunden und kann jederzeit in ein anderes umgewechselt werden! Der Einbaugedanke ist meines Erachtens ideal, natürlich sind den Vorstellungen keinerlei Grenzen gesetzt und sicher wird ein Praktiker hier noch weitere Vorschläge machen können.

Vorteile: Repräsentative, aber nicht aufwendige Unterbringung einer Münzsammlung, kleinster Raumbedarf, individuelle Gestaltung und Farbgebung. Gute Kennzeichnungsmöglichkeit an den Kanten der vorderen Schübe durch Selbstklebe-Etiketten oder Dymo-Prägeband. Aufbausystem, das langsam mit der Sammlung wächst, hohe Flexibilität und Variationsmöglichkeit. Ständiger Kontakt zu den Münzen. Günstiges und anpassungsfähiges Format. Sowohl für die kleine bis zur größten Sammlung geeignet.

Nachteile: Beschriftung und Erläuterung nur durch extra Kärtchen möglich. Das Transportproblem kann durch einen genau angepaßten Kasten gelöst werden, die Münzen können zwar nicht herunterfallen, verschieben sich aber während des Transportes auf den Tablaren, die keine Unterteilung haben.

4. Münz-Schränke

Hierzu ist am wenigsten zu sagen. Selbstverständlich ist der Münz-Schrank die ideale und klassische Aufbewahrungsart für eine Sammlung; aber wohl auch die aufwendigste bezüglich der Platz- und Kostenfrage. Da es sich hier um ein einzelnes Möbelstück handelt, sollte man bei der Anschaffung darauf achten, daß der Schrank zum vorhandenen Mobiliar paßt. Einige Münzhandlungen liefern auch diebstahl- und feuergesicherte Panzerschränke.

Leider bietet der Handel noch immer zu wenig Münzschränke an und bei dem geringen Angebot außerdem zu wenig Variationen. Es wäre wünschenswert, wenn die Industrie hier auch so leistungsfähig, beweglich und ideenreich wäre, wie die einschlägigen Albenhersteller.

Vorteile: Ideale Unterbringung einer Münzsammlung. Für den Sammler keinerlei zusätzliche Arbeit für die Einrichtung.

Nachteile: Geringes Angebot, teuer, nicht für kleine Sammlungen, jedoch auch für größere Sammlungen eine starre Begrenzung nach oben. Platzbedarf, Anpassung an die vorhandene Einrichtung, Transportproblem! Antike Schränke werden kaum angeboten und sind sehr teuer.

Abschließend noch einen kleinen Ausflug in die Praxis. Der gut ausgestattete erfahrene Münzsammler wird wahrscheinlich aus allen 4 Bereichen etwas besitzen und die ideale Aufbewahrung einer Sammlung stelle ich mir etwa so vor:

a) Hauptteil der Sammlung: Schrankeinbau Ziffer 3

b) Tauschmünzen und Abweichungen, vielleicht auch gleichartige Münzen und »Spekulations-Münzen« Münzalben – Ziffer 1

c) Wertvolle Stücke oder Einzelgebiete, (evtl. zur Illustration einiger Medaillen) auf Tablaren bzw. kleines Münzkabinett – Ziffer 2

d) Besonderes Sammelobjekt oder Kontrast: Antiker schöner Münzschrank mit Raritäten, dazu eine alte Münzwaage – Ziffer 4

Schlußsatz:

Ich habe mich bemüht, alle zur Zeit angebotenen und bekannten Alben, Tablare und Münzschatullen zu berücksichtigen. Es ist jedoch nahezu unmöglich, daß Ihnen in einer Münzhandlung die ganze Breite des Sortiments angeboten werden kann, denn eine Münzhandlung ist in erster Linie auf das Sammelobjekt Münzen spezialisiert und führt Sammlerbedarfsartikel meist nur in einem begrenzten Umfang. Bitte beachten Sie deshalb besonders die Inserate der einschlägigen Industrie in den Sammlerzeitschriften. Selbstverständlich können Sie jede numismatische Literatur, Sachbücher, Alben oder andere Sammlerbedarfsartikel beim Münzhandel einkaufen oder bestellen. Sie sollten hieraus die Erkenntnis gewinnen, daß man rechtzeitig, möglichst *vor* Beginn einer Sammlung die wichtige Entscheidung für die Aufbewahrung der Münzen treffen sollte.

VERSCHIEDENES

Nachdem wir nun die geliebten Sammelmünzen von ihrem Eingang bis zur Aufbewahrung begleitet und alle Stufen und Stationen kennengelernt haben, gäbe es eigentlich nichts mehr zu berichten. Trotzdem bleiben erfahrungsgemäß immer wieder Fragen unbeantwortet; aus Problemchen werden Probleme, die Theorie deckt sich nicht mit der Praxis und genauso wie neue Sorgen hinzukommen, bieten sich auch neue Lösungen an.

Ich bin mir darüber im klaren, daß längst nicht alles besprochen wurde, glaube aber doch andererseits einen roten Faden aufgezeigt zu haben, an dem sich jeder Sammler orientieren kann. Soweit es meine Zeit erlaubt, bin ich sogar sehr experimentierfreudig und stehe Fragen und neuen Empfehlungen aufgeschlossen gegenüber. Mit einem lachenden und einem weinenden Auge erwarte ich so manche Anregung oder auch

Kritik, auf die ich mich einerseits freue, doch andererseits fürchte, aus Zeitmangel nicht eingehen zu können. Darum möchte ich versuchen, schon hier verschiedene offene Fragen zu beantworten, bevor sie zu Problemen geworden sind.

Silbertauchbäder: Die leichte Reinigungsmethode des Tauchbades habe ich an vielen Stellen und für verschiedene Metalle empfohlen. Besonders aufgrund der Empfehlungen anderer Sammlerfreunde und eines regen Erfahrungsaustausches sowie eigener Versuche darf ich die genannten Fabrikate verantwortungsbewußt und mit ehrlicher Überzeugung dem Leser empfehlen.
Sie sollten jedoch besonders einmal an folgendem Beispiel erfahren, welche anderen Empfehlungen mir durch Hinweise oder auch Literatur angeboten wurden, die ich aber nicht ohne Vorbehalte weitergeben möchte.
Zunächst kann man statt des Silbertauchbades (oder besser Münztauchbades für bestimmte Metalle) auch solche Mittel verwenden, welche als Silber- oder Kupfermilch im Handel bekannt sind. Ich habe diese Mittel selbst ausprobiert und konnte dabei feststellen: Diese Präparate müssen auf die Münzen mit einem Schwamm oder Tuch aufgetragen und natürlich auch abgewischt werden. Die Reinigungserfolge nach dem Auftragen sind meiner Meinung nach keinesfalls besser als ein Tauchbad und können besonders deshalb für die Münzen schädlich sein, weil diese sich nicht selbsttätig regenerieren. Man behandelt die Oberfläche mit einer wischenden Methode, die zumindest problematisch ist – und zwar besonders dann, wenn Flecke auf den Münzen sind. Meist ist hier die besprochene Kontrastbehandlung: Silbertauchbad – Natronpulver in der gefühlsintensiven Handfläche wesentlich schonender und zugleich auch erfolgreicher.

Putzbehandlung mit chem. Mitteln: Eine andere, durchaus verständliche Theorie geht davon aus, daß erprobte Putzmittel, die seit Jahren zu den führenden Markenartikeln gehören, bei richtiger Anwendung auch für die Reinigung von Münzen zu empfehlen sind. Obwohl hierfür sogar ein besonders münzfreundliches Rezept empfohlen wird, kann ich dieser Empfehlung nicht folgen, weil falscher Putzglanz hervortritt, der unbedingt vermieden werden soll, da er den Wert der Sammelmünzen mindert.

Silberputztücher: Diese Erfindung der Silberwarenindustrie ist zwar eine große Erleichterung für die Hausfrau und für die Pflege des Silbers, aber sie gehört keinesfalls in die Hand der Münzsammler. Ich habe viele begeisterte Zuschriften über die Anwendung und Wirkung dieser Putztücher erhalten. Bitte machen Sie damit keine Versuche und verbannen Sie diese Tücher in den Bereich der Hausfrau. Für den Münzensammler sind diese Hilfsmittel nicht nur ungeeignet, sondern sogar gefährlich, weil Münzen durch den Putzglanz dieser Tücher verdorben, aber keinesfalls gereinigt werden. Sollten Sie hier Zweifel haben, empfehle ich einen Versuch an einer älteren 5 DM-Umlaufmünze, dieser »Erfolg« wird sie dann restlos überzeugen!

Metall-Polituren jeden Fabrikates bilden die größte Gefahr für Münzen. Sie sollten grundsätzlich überhaupt nicht zu unserem Repertoire gehören, es sei denn, die Chromleiste des eigenen Wagens soll geputzt werden. Die Erwähnung dieses Mittels halte ich schon deshalb als Warnung mit vielen Ausrufungszeichen für erforderlich, weil es leider immer wieder Sammler (meist Anfänger) gibt, die mit solchen Mitteln bedauerlicherweise so manche Rarität vernichten.
Erfahrungsgemäß werden stets neue Versuche bezüglich der Münzreinigung gemacht und vorgeschlagen, meist mit der ehrlichen Absicht, Werte zu erhalten. Versuche sind jedoch keinesfalls zu empfehlen, wenn man Werte zu erhalten trachtet. Probieren darf man höchstens an Kursmünzen oder wirklich geringwertigen Münzen.

Einige harmlose Empfehlungen und deren Ergebnisse sind vielleicht interessant und ich möchte sie dem Leser deshalb nicht vorenthalten:

a) Reinigungsmittel für künstliche Zähne, z. B. Kukident oder Correga-Tabs mögen wohl bei einigen Versuchen zum Erfolg führen, jedoch bei anderen Anwendungen völlig versagen. Ich habe hier aber auch Enttäuschungen erlebt, allerdings waren die Ergebnisse so unterschiedlich und im Endeffekt eigentlich unbefriedigend, daß ich hier keine Empfehlung geben kann.

b) *Zahnpasten:* Bitte erwarten Sie nicht von mir, daß ich alle Fabrikate kenne und getestet habe. Es ist allerdings bewiesen, daß Zahnpflegemittel sehr schonend reinigen und für die Pflege von Münzen empfohlen werden können. Hier kommt es besonders darauf an, daß der »Putzkörper« äußerst fein ist und keine Reibungsspuren hinterläßt. Weitere Erfahrungen mit diesem bestimmt interessanten Mittel muß der Sammler selbst machen.

c) *Alkohol, Aceton, Tetrachlorkohlenstoff:* Diese 3 chemischen Stoffe verhalten sich völlig neutral. Das neutrale Verhalten bedeutet einerseits, daß diese Stoffe keinesfalls aggressiv sind, also die verschiedenen Metalloberflächen nicht angreifen, leider auch nicht reinigen. Sie sind so neutral, daß sie jede Münze in dem Zustand erhalten, in dem sich diese gerade befindet, ob nun sauber oder verbraucht, verschmutzt oder in erstklassigem Stempelglanz. Bei jeder Zwischenbehandlung darf man ohne Schaden auf diese Hilfsmittel zurückgreifen. Zum Beispiel bei der Aufbewahrung von Münzen für eine Überbrückungszeit in verschlossenen Gläsern.

d) Wenn Sie Münzen in Papiertüten versenden oder Tauschmaterial in Papiertüten aufbewahren, achten Sie bitte darauf, daß es sich um braunes Papier handelt. Weißes Papier ist meist geschwefelt und beeinflußt die Oberfläche fast jeden Metalles.

Im Abschnitt Gelbmetalle habe ich im Hinblick auf die Währungstechnik darauf hingewiesen, daß einzelne Länder besonders deshalb unterschiedliche Legierungen, Größen und Gewichtsanteile für verschiedene Nominale verwenden, damit kein Automaten-Mißbrauch durch geringwertige Münzen zum Schaden des Handels erfolgt. Einige Komplexe dieser Technik sind anscheinend auch heute noch nicht restlos gelöst, denn Belgien mußte kürzlich neu geprägte 10 Franc-Stücke zum Umrechnungswert von DM –,80 aus dem Verkehr ziehen, weil für diese Münzen aus deutschen Automaten aufgrund der Abmessungen und des Gewichtes Ware im Gegenwert eines 2 DM Stückes verausgabt wurde.
Andererseits scheint Deutschland mit der derzeitigen 2 DM Kursmünze zumindest im europäischen Markt schief zu liegen. Man entnimmt dies neuesten Mitteilungen, die besagen, daß ab 1970 ein neues 2 DM-Stück mit dem Adenauer Portrait geprägt werden soll, das im Durchmesser geringfügig kleiner, in der Stärke aber dicker werden soll. Diese Schilderung soll einerseits beweisen, daß Münzen sammeln mehr interessante Seiten hat als auch der erfahrene Sammler nur ahnen kann – und andererseits aufzeigen, daß man über die verschiedensten Dinge, welche eigentlich alle dazugehören, unendlich viel sagen kann – deshalb höre ich jetzt auf und mache ein Ende. –

ZEITTAFEL DES GELDES*

2500 v. Chr.	In Babylonien erstmals Gold als Warengeld
1100 v. Chr.	Ringgeld in China, vorher Muschelgeld (Kauri-Muscheln)
700 v. Chr.	Münzähnliche Goldscheiben der Lydier
470 v. Chr.	In Athen Silber-Drachmen
430 v. Chr.	Kupfergeld löst in Rom das Vieh als Zahlungsmittel ab
269 v. Chr.	Erste römische Silbermünzen
207 v. Chr.	Erste römische Goldmünzen
15 n. Chr.	Rom geht zur Goldwährung über, Silber nurmehr für Scheidemünzen
330 n. Chr.	Währungsreform Konstantins des Großen. Solidus neue vollwertige Goldmünze, wird nach der attischen Drachme und dem römischen Gold-Aureus zur Welthandelswährung
755 n. Chr.	Der Karolinger König Pippin ersetzt die nach römischem Muster geprägte unterwertige Goldwährung durch eine vollwertige Silberwährung
780 n. Chr.	»Karolingerdenar« Karls des Großen, daneben für größere Zahlungen »Naturgeld« und ungemünzte Barren
1356	»Goldene Bulle«: Der Kaiser erkennt das Münzrecht der Kurfürsten ausdrücklich an
1325–1525	»Rheinischer Gulden« Hauptzahlungsmittel in Deutschland
um 1380	Erste Banknote in China
1459–1525	Jakob Fugger in Augsburg, bedeutender Bankier des ausgehenden Mittelalters
1524	Reichsmünzordnung von Eßlingen, »Guldengroschen« (Thaler) wird zur Reichskurantmünze
1618–1623	»Kipper- und Wipperzeit«, Mißstände im Münzwesen zu Beginn des 30jährigen Krieges. Massenausprägung unterwertiger Scheidemünzen
um 1630	Erstmals in Deutschland bei der 1619 gegründeten »Hamburger Bank« Bankogeld (»Speziestaler«), als Rechenmittel, um im Handels- und Bankverkehr den unterschiedlichen Münzsystemen und der Kaufkraftminderung zu begegnen
1640	Ludwig XIV. läßt den »Louis d'or« prägen, mit Herrscherbildnis und Wappenschild
1694	Gründung der Bank von England, Banknotenausgabe zur Kriegsfinanzierung

* Aus »Das liebe Geld«, hrsg. von der Bayerischen Vereinsbank, Ref. Presse- und Öffentlichkeitsarbeit, 8 München 2, Kardinal-Faulhaber-Str. 14.

1716	»Zettelbank« des John Law in Frankreich
1785	Anerkennung des Dollars in den USA als Nationalwährung
1821	Preußisches Münzgesetz: Thaler gleich 30 Silbergroschen
1857	Wiener Münzvertrag, Silberwährung bleibt bestehen
1871	Gesetz über die Ausprägung von Reichsgoldmünzen
1909	Banknoten der Reichsbank als gesetzliches Zahlungsmittel
1914	Aufhebung der Goldeinlösepflicht der Reichsbank für Banknoten, Goldmünzen verschwinden aus dem Zahlungsverkehr
1923	Inflation erreicht ihren Höhepunkt
1924	Stabilisierung der Währung durch die »Rentenmark«
30. 8. 1924	Münzgesetz: »Reichsmark« wird gesetzliches Zahlungsmittel, keine Einlösepflicht in Gold
16. 7. 1938	Ablieferungspflicht für Goldstücke im Deutschen Reich
21. 6. 1948	Währungsreform: Die »Deutsche Mark« löst die Reichsmark ab
8. 7. 1950	Gesetz über die Ausprägung von Scheidemünzen, Münzrecht beim Bund
26. 7. 1957	Gesetz über die Deutsche Bundesbank, die die Bank deutscher Länder ablöst
29. 12. 1958	Volle Konvertierbarkeit der D-Mark mit ausländischen Währungen
6. 3. 1961	Aufwertung der D-Mark auf 4 DM = 1 US-$
Seit 1964	Versuche in den USA mit »elektronischem Geld«, einer Weiterentwicklung des Kreditkartensystems
18. 11. 1967	Abwertung des englischen Pfund-Sterling sowie einer Reihe anderer Währungen
15. 1. 1968	Einführung der Banken-Scheckkarte in der Bundesrepublik
17. 3. 1968	Spaltung des Goldmarktes in einen Zentralbankgold- und Warengoldmarkt

LITERATUR-HINWEISE

Die folgenden Sammler-Zeitschriften wurden zur Dokumentation herangezogen, die Reihenfolge entspricht der Wertigkeit, in der diese Zeitschriften für meine Arbeit nützlich sein konnten:

1. Geldgeschichtliche Nachrichten
   (Zeitschrift der Gesellschaft für Internationale Geldgeschichte)
   6082 Mörfelden-Walldorf, Postfach 1 40
2. Rundschau für Geldzeichensammler
   46 Dortmund

3. Numismatisches Nachrichtenblatt
Verlagsort: 6720 Speyer

4. Helvetische Münzzeitung
CH-3652 Hilterfingen/Schweiz

5. World Coins
Copyright by the Sidney Printing and Publishing Co. Sidney, OHIO

Für Überlassung von Unterlagen zur Durchsicht und Prüfung danke ich den folgenden Firmen:

Internationale Nickel Deutschland GmbH, 4 Düsseldorf

Vereinigte Deutsche Metallwerke AG., Zweigniederlassung
Basse + Selve, 599 Altena/Westf.

Degussa, 6 Frankfurt (Main)

Kabel und Metallwerke, Gutehoffnungshütte AG., 45 Osnabrück

Vereinigte Deutsche Nickel-Werke AG., 584 Schwerte/Ruhr

LITERATURNACHWEIS

Fritz Diwok, *Gold, Dollar und unser Geld.* Molden Verlag, Wien – München – Zürich

Kurt Jaeger, *Die deutschen Münzen seit 1871*, Katalog 6. Auflage. Münzen und Medaillen AG., Basel

Tyll Kroha, *Münzen sammeln.* Verlag Klinkhardt + Biermann, Braunschweig (jetzt: München)

Rainer Liedtke, *Hinweise zur Münzenreinigung.* Eigenverlag, Bonn

Hans Schlumberger, *Goldmünzen Europas.* Ernst Battenberg Verlag, München

F. Freiherr von Schrötter, *Wörterbuch der Münzkunde.*

Gerhard Welter, *Die Reinigung und Erhaltung von Münzen und Medaillen.* Verlag Klinkhardt + Biermann, Braunschweig (jetzt: München)

Otto Paul Wenger, *Kleine Münzkunde.* Hallwag Verlag, Bern

R. S. Yeoman, *Current Coins of the world.* 2. Auflage. A Catalog of modern world coins – 7. Auflage. Western Publishing Company, Inc. Racine, Wisconsin